原州古墓集成

宁夏回族自治区固原博物馆
中日原州联合考古队　编

文 物 出 版 社

1999 年 · 北京

摄　　影　铃木昭夫等
绘　　图　黄丽荣
封面设计　张希广
责任印制　张道奇
责任编辑　王　戈

原 州 古 墓 集 成

宁夏回族自治区固原博物馆
中 日 原 州 联 合 考 古 队　编

文 物 出 版 社 出 版 发 行
北京五四大街 29 号
http://www.wenwu.com
E-mail:web@wenwu.com
河北新华印刷一厂制版印刷
新 华 书 店 经 销
880×1230　16 开　印张:13
1999 年 4 月第一版　1999 年 4 月第一次印刷
ISBN 7-5010-1121-4/K · 450

目　录

图 版 目 录

前　　言

雷润泽

作为横贯东西方的古代商路，"丝绸之路"至少在公元前若干世纪就已形成，上下跨越历史两千余年。十九世纪末，德国地理学家李希霍芬在他的地理著作《中国》一书中，首先提出了"丝绸之路"这一说法，后为国际学术界沿用至今。"丝绸之路"的开辟是人类文明史上的一个伟大创举，大大促进了东西方经济、文化、宗教、语言的交流和融汇。

长期以来，探索东西方文化交流史，追寻丝路文化的传播路线，一直是海内外专家学者的重要研究课题。遗憾的是历尽千年沧桑巨变，各地留存下来的文化遗迹为数甚少，且多数没入地下，如同广阔深厚的黄土高原，经历了千百年的风霜雨雪，已变得支离破碎、千沟万壑，使人难以辨认它的原貌。对此，无数饱学之士进行了孜孜不倦的寻觅考察，希望能够揭开历史神秘的面纱。

固原，古称原州，地处黄河中、上游地区，位于中国宁夏回族自治区南部，古老的"丝绸之路"北道即途经此地。自古以来，这里既是屏围关中的要冲，又是中原通往中西亚的交通孔道。从公元五世纪以后至公元八世纪左右，随着中国与西域文化交流的逐渐加深，固原在"丝绸之路"上的地位日趋重要，西亚、中亚的各种奢侈品源源不断的运来，众多的遗物、遗迹也就留在这个丝路要塞上。

自本世纪八十年代开始，宁夏的文物考古工作者，在自治区各级政府和国家文物局的大力支持及自治区文物管理委员会、文化厅文物局的积极组织筹划下，依据原固原县文物工作站（固原博物馆系在此基础上筹建）勘探调查的结果，有重点的对数十座春秋战国、秦汉墓葬进行抢救性清理，并对十余座北朝、隋唐墓葬进行了科学发掘。犹如开启了深埋在地下的文物宝库，大量带有北方民族特色的青铜器、金饰，色彩绚丽的漆棺画，造型朴拙的陶俑和充满异域情调的金银器、玻璃器及金银币等珍贵文物纷纷呈现在人们的面前。这些文物从一个侧面反映了当时中西文化交流的情况，对于研究固原地方史、中西交通史及隋唐文化有着重要的参考价值。

为了系统整理这批考古资料，将其及时公布于世，我们专门聘请文物保护专家抢修文物，并组织有关人员拍照、临摹、编写报告。1995 年至 1996 年，藉中日联合原州墓葬考古合作研究之机，作为日本东京共立女子大学与宁夏文博单位合作的一项内容，我们编辑了本书。后经日本东京共立女子大学和平山郁夫先生的推荐，由日本住友财团基金会提供海外墓葬出土物保护的援助，协助解决了部分出版资金，才使本书得以顺利出版。

宁夏的文物考古工作者，特别是固原博物馆的有关工作人员，在原州墓葬的探查抢救及出土文物的修复和资料的整理工作中，付出了辛勤的汗水。北京大学考古系、中央美术学院美术史系、中国文物研究所、中国社会科学院考古研究所等单位的专家学者，特别是北京大学宿白教授，为此项工作提供了热情的帮助和指导。另外，文物出版社的有关编辑和摄影师也为本书的出版做了大量细致、复杂的工作，在此，谨向他们表示诚挚的谢意。

1998 年 11 月于宁夏银川

北朝、隋唐时期的原州墓葬

罗　丰

固原位于宁夏回族自治区南部，三面与甘肃接壤，东连庆阳，南接平凉，西与陇西地区相毗邻（图一）。其南北长约 220 公里，东西宽约 150 公里，总面积约为 16783 平方公里①，以覆盖着深厚黄土的丘陵为主，属典型的黄土高原地貌，海拔高度在 1500～2000 米之间。境内主要山脉有六盘山、月亮山、云雾山、南华山等，其中以六盘山最为著名。六盘山大致呈南北走向，跨陕（西）、甘（肃）、宁（夏）三省区，绵延 240 公里，海拔在 2000 米以上，主峰是位于固原境内的米缸山，高度为 2924 米，是黄河支流泾河与渭河的分水岭，也是清水河、泾河、渭河的主要发源地。黄土高原由于受河流的切割、冲击，形成许多川、塬、台、梁、峁等特有地貌，其中冲积平原上的台地是人类祖先活动的地方。清水河、葫芦河、茹河流域是固原现代人类居住密集地区。固原地处中纬度内陆，属暖温带半干旱气候区，冬季漫长寒冷，夏季短暂凉爽。该地年平均降雨量为 450 毫米②，但雨量分布不均，主要集中 7、8、9 月，且以暴雨为主。六盘山地是该地区的集中降水地，年降水量在 600 毫米以上，最多年份曾达 1117.3 毫米，有黄土高原"湿岛"之称。该地区的经济格局是以旱作农业为主体。

一　历史沿革

西周时，最直接的与西北强族猃狁发生关系的地名应是大原。《诗经》中关于猃狁、大原的诗很多。《小雅·六月》记："薄伐猃狁，至于大原。"《小雅·采薇》曰："靡室靡家，猃狁之故"，"不遑启居，猃狁之故"。有人以为此大原在当今宁夏固原，甘肃平凉、庆阳一带③。春秋时期，固原是义渠、乌氏等少数民族聚集地，《史记·匈奴列传》称："岐、梁山、泾漆之北有义渠、大荔、乌氏、朐衍之戎。"秦惠文王时置乌氏县，亦有朝那这一地名。

西汉初年，匈奴不断南侵，骚扰中原。固原是匈奴南下的重要通道。武帝元鼎三年（公元前 114 年），析北地郡西北另置安定郡，辖二十一县，郡治高平（今宁夏固原），其中另有乌氏、朝那、三水及月氏道全部或部分在固原境内。东汉安帝时，羌族起义，迫使安定等三郡内迁。永初五年（公元 111 年）安定移治武功，顺帝永建四年（公元 129 年）三郡复归，安定治临泾（今甘肃镇原）。三国时，固原为匈奴余部所据，主要是"高平屠各"。十六国时，前后赵、前后秦、赫连夏等国均于此治平凉郡、高平城等。北魏太延二年（公元 436 年）置高平镇，正光五年（公元 524 年）

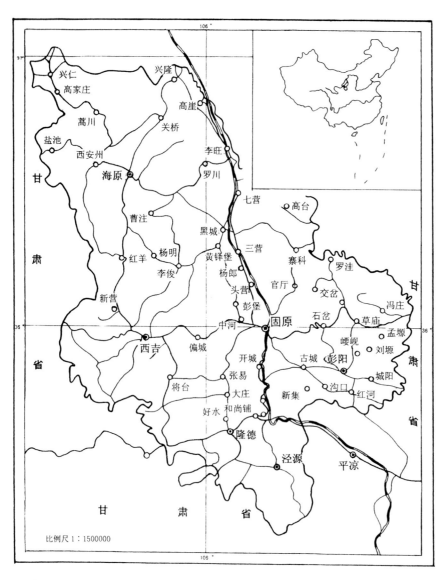

图一　固原地区行政区划图

比例尺 1:1500000

改其为原州，治高平城。对于取名原州，宋人乐史在《太平寰宇记·关西道》卷三十二有过这样的解释："盖取高平曰原为名"。《尔雅·释地》云："大野曰平，广平曰原。"高平便是高原，以原州为名显然来源于此。原州所属有高平、长城二郡。高平郡辖二县即高平、默亭。长城郡属县有黄石、白池。其中黄石县名源于匈奴一部。《后汉书·任延传》卷七十六李贤注曰："黄石，杂种号也。"《晋书·刘曜载记》卷一百三亦云："黄石屠各路松多起兵新平、扶风，聚众数千"，"秦陇氐羌多归之"。西魏恭帝年间改高平为平高。北周时于原州置总管府。建德元年（公元 572 年）李穆出任原州总管。隋开皇三年（公元 583 年）废诸郡，置州县，时为原州。大业元年（公元 605 年）曾置他楼县。大业三年（公元 607 年），又改原州为平凉郡，属县有高平、百原、平凉等。

李唐王朝建立之后，"高祖受命之初，改郡为州"，在边地"置总管府，以统军戎"。武德元年（公元 618 年）改平凉郡为原州属关内道。贞观五年（公元 631 年）置原州都督府，管辖原、庆、会、银、亭、达、要等七州。十年省亭、达、要三州，唯督四州④。天宝元年（公元 742 年），又改原州为平凉郡，乾元元年（公元 758 年）又复称原州。安史之乱后，秦陇之地尽为吐蕃占据，元和三年（公元 808 年）在泾州临泾（今甘肃镇原）置行原州。大中三年（公元 849 年）泾源节度使康季荣等人收复原州及原州七关，即石门、驿藏、木峡、制胜、六盘、石峡和萧关。大中五年（公元 851 年）赐名萧关为武州⑤。唐末黄巢起义后，再移原州于临泾。

宋于今固原等置有镇戎军（今宁夏固原城）、怀德军（今宁夏固原西北黄铎堡）、德顺军（今宁夏隆德）、金升军为州。元置开成路、府、州（今宁夏固原开城），封忙哥喇为安西王，以开成为其行都，分治陕西、四川及西域。明景泰二年（公元1451年）修固原城，置固原守御千户所。成化四年（公元1468年）升为固原卫，成化六年（公元1470年）置固原兵备道。成化十年（公元1474年）置延绥（今陕西榆林）、甘肃、宁夏三边总制府于固原，总理陕西三边军务。弘治十四年（公元1501年）设固原镇（又称陕西镇）。固原是明代著名的九边重镇之一。固原之名含义，当源于原州，有人称是从故原州或古原州得，亦有人称北魏治原州，明以其地险固因名，是为固原⑥。

二　途经固原的丝绸之路

"丝绸之路"是一个广为人知的词汇，几乎成为东、西方文化交流的代名词。在德国地理学家李希霍芬（F. V. Richthofen）提出"丝绸之路"这一概念的一百二十年间，世界上众多的学者以此为课题进行了深入而又广泛的讨论，研究的结果并没有使人们的认识日趋统一，相反丝绸之路概念的不断外延，使丝绸之路扩大为古代欧亚大陆交通贸易路线。但是一些严谨的学者更愿意采用所谓狭义丝绸之路，因为这其中路的概念是清晰的，而广义的丝绸之路实际上在欧亚大陆古代交通中呈网状分布。东、西方文化交流从公元前一千年左右就已经开始。公元前五世纪，通过东、西方奢侈品贸易，丝绸已经传到希腊等地中海沿岸国家，西亚的一些动物纹样也随着游牧民族流入中国北方。成书于战国时期的《穆天子传》，记录了周穆王向西旅行的故事，一些学者认为，实际上是记载了春秋、战国时期中原商团西行贸易的情景。从其中一些地名判断，最后抵达的是中亚的吉尔吉斯⑦。《穆天子传》卷一云：天子北征，乃绝漳水，至于钘山之下，北循虖沱之阳，……乃绝隃之关隥。其中钘山在今宁夏固原地区的泾源，应当是陇山（今六盘山）。丝绸之路的正式形成是在公元前二世纪张骞通使西域之后。长安（今陕西西安）是这条道路的起点，沿泾、渭河寻西而去，经原州，穿河西走廊是一条道路。对此，居延甲渠候关汉简上有详细的记载。编号破城子EPT58.582简记：

> 长安至茂林七十里，茂林至茭置卅五里，
> 茭置至好止七十里，好止至义置七十五里，
> 月氏至乌氏五十里，乌氏至泾阳五十里，
> 泾阳至平林置六十里，平林置至高平八十里。
> 媪围至居延置九十里，居延置至觻里九十里，
> 觻里至脅次九十里，脅次至小张掖六十里，
> 删丹至日勒八十七里，日勒至钧著置五十里，
> 钧著置至屋兰五十里，屋兰至垔池五十里。⑧

这枚汉简上的文字虽有缺失，但所描述的驿道线路是清晰可辨的。这是一条关于国道最重要的材料。

永嘉之乱以后，中国北方许多地方小国都谋求向西发展，河西诸国显然有地利之便。鲜卑拓跋以平城（今山西大同）为中心，沿鄂尔多斯南缘路缓慢地向高平一带推进。匈奴刘卫辰部为北魏所破，卫辰死后，其子赫连勃勃退守高平，依附没奕于，后召其部众为猎高平川（今宁夏固原清水河一带）袭杀没奕于，建立大夏国，曾议定都高平。始光四年（公元427年）北魏乘夏王赫连勃勃新

亡，攻破统万城，赫连定收其余部曲奔平凉（今宁夏彭阳南）。神䴥三年（公元430年），魏太武帝拓跋焘亲征平凉，平凉军民举城投降。北魏迁都洛阳以前，首都平城与高平之间的联系，有赖于这条鄂尔多斯南缘路[9]。以后的十余年，北魏窥视河西，设立高平、薄骨律二军镇拱卫道路畅通，接着消灭北凉，攻占姑臧城（今甘肃武威）。北魏先后六次派使者出使中亚，并与中亚、西亚的三十六国取得联系，商团结队而至，使丝绸之路出现一个继汉代之后新的繁荣期。

唐时，长安通往西域的驿道有两条，汇合点均在凉州。其中途经原州的路线，经依《元和郡县图志》等书整理，为出长安西北行，经邠州（今陕西彬县）、泾州（今甘肃泾川）过陇山关，至原州，再向西北途经石门关（今宁夏固原须弥山附近）在会宁关（今甘肃靖远）渡黄河到达凉州（今甘肃武威），全程约一千六十里[10]。途经原州的部分，又称"萧关道"。王昌龄、岑参等人均有吟咏萧关道的诗篇。大和五年（公元831年），吐蕃维州副使请降，宰相牛僧孺却说："中国御戎，守信为上。彼若来责曰，何事失信？养马蔚茹川，上平凉阪，万骑缀回中，怒气直辞，不三日至咸阳桥"。蔚茹川即今固原清水河，牛氏所担心的吐蕃人的进军路线，正是唐前期的"驿道"。陇山关是唐代六个上关之一，会宁关则有渡船五十只，日渡千人，往来商旅之多可见一斑。唐时一些著名诗人、赴任官员、求法高僧多由此路抵达西域。当然最繁忙者，是奔波于东、西方之间的商团，其核心人物是中亚粟特人。

三　北朝、隋唐时期的原州墓葬

（一）北朝墓葬

固原范围内的北朝、隋唐墓葬，主要是围绕着当时重要的城池而营造的（图二）。北朝原州城建立在汉高平城的故址之上，《水经注·河水注》卷二载：高平川水（今清水河）"东北流，经高平县故城东，汉武帝元鼎三年，安定郡治也"。北朝晚期，原州城得以修缮。《周书·武帝纪》卷一记："天和四年六月，筑原州城。"隋唐沿用。大历年间，原州城为吐蕃所占，史载曾议修原州城，未果。贞元间，吐蕃曾修原州城[11]。汉代墓葬分布在城的东南部，主要在城北塬之上[12]。北魏漆棺墓则位于城东郊，彭阳新集乡北魏墓与平凉城相去不远[13]。从西魏、北周开始，当地上层高级官员开始在原州城南塬西缘营造墓葬。以埋葬年代而言，北周宇文猛居中，李贤在其西南，田弘则居北，三者相

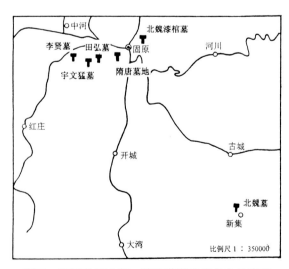

图二　固原地区北朝、隋唐墓葬位置分布示意图

图三　彭阳新集乡北魏墓发掘现场

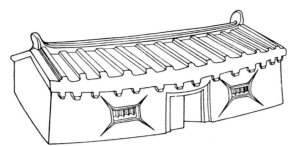

图四　彭阳新集乡北魏墓 M1 后端土筑房屋模型示意图

距千米至数百米不等。墓志中称其地为"原州西南陇山之足"⑭。隋唐时，该塬称"百达原"⑮。墓葬群基本位于此塬南缘，塬下是清水河支流河谷，墓群中央有一条现代简易公路穿过，除两座墓位于公路左侧外，其余皆在公路右侧，墓葬间距百米至数百米不等⑯。

1. 彭阳新集乡北魏墓

墓葬位于彭阳新集乡石洼村（发掘时属固原县辖），有两座，均坐北朝南（图三）⑰。1984 年，考古工作者对墓葬进行发掘。新集墓最引人注目的是封土之下有一个土筑房屋模型，在同期考古发现中属首例。其先用夯土筑成长方形，然后再剔刻成房屋模样，上涂白灰，门窗及檐头涂成朱红色（图四）。汉唐墓葬多仿照墓主人生前居所，并随葬种种生活用具类的明器，意在使墓葬成为死者灵魂饮食起居之处。朱鲔石室、宁懋石室等房屋建筑，新集土筑房屋模型等，无疑具有同样的性质。新集墓出土的房屋模型放置在过洞上方与地面平行处，意模拟门楼。在两个房屋模型之间有第二个天井，构成一完整的院落。

在陶俑组合上，西晋已形成若干定式，只是由于晋灭亡后，五胡入主中原，西晋时形成的墓葬规制，十六国时被摧毁殆尽，仅西安草厂坡十六国晚期墓延续了西晋陶俑制度⑱。新集俑群明显地承袭草厂坡十六国墓的一些基本特征（图五）。在特征性的四组内容中，没有第一组镇墓兽。第二组为出行仪仗，以牛车为中心随葬武士俑、甲骑具装俑、文吏俑、女侍俑。其中甲骑具装俑是新品种，以草厂坡墓为初见。在第三组乐舞中，有八件吹角俑、三件击鼓俑、一件抚琴俑、一件吹竽俑，形成一组鼓吹俑。这种以鼓角为主的军乐，当时谓之"横吹"。《宋书·乐志》卷十九云："西戎有吹金者，铜角，长可二尺，形如牛角，书记所不载。或云出羌胡，以惊中国马。或云出吴越。"⑲第四组是庖厨明器，有陶磨、陶灶、陶仓、陶井及陶鸡、狗等模型，基本上都是两两组合。随葬数量众多的陶俑，遂成为北朝大型墓葬的重要特点之一。

图五　彭阳新集乡北魏墓陶俑出土现场

图六　北魏漆棺墓漆棺出土现场

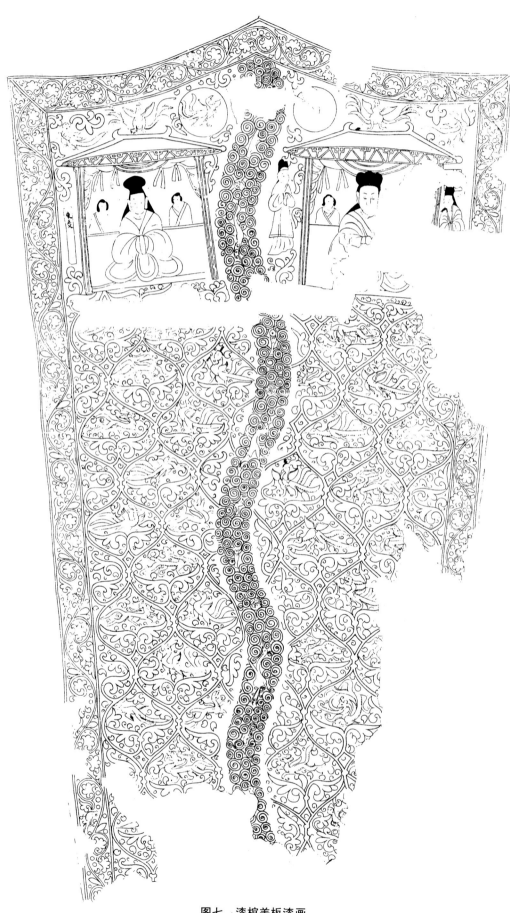

图七　漆棺盖板漆画

2．北魏漆棺墓

该墓位于固原东郊乡雷祖庙村，1981年发掘[20]。封土早年被挖平，东西方向，斜坡墓道，长16米。墓室为砖砌，平面呈正方形，穹隆顶。

该墓为夫妇合葬墓，虽未遭盗掘，但七十年代铁路勘探部门钻探时大量灌水，致使棺木散毁，随葬品移位（图六）。墓室内有两具木棺，男性居左，女性居右。女性棺木无髹漆，木板朽毁，两侧各有一带座鎏金铜环。男性棺具为漆棺，木板亦朽。其上留有精美漆画，经仔细拼合，大致可看出漆棺形式。墓主人骨架已腐朽，为黄色粉末，只有鬓发尚存。随葬品集中置放在墓主人周围，有铜镳斗、铜钫、铜壶、铜灶、铁刀、铁剑、马镫、鎏金铜铺首、鎏金铜牌、萨珊银币及陶盆、陶罐等六十余件。

漆棺后挡被钻机打穿，完全残毁，盖板、前挡及左、右侧板部分漆画可大致复原。漆棺形制为前高宽，后低窄，棺盖为两面坡式，有140度交角。棺盖漆画前端呈圭形，前宽后窄，平面展开宽处为105厘米，残长180厘米，占全棺漆画面积的三分之二以上。正中上方有两座悬垂帷幔的屋宇，鸱尾翘起，有人字形斗栱。左侧绘一红色太阳，中有三足乌，右有一白色月亮，中有墨线，当绘蟾蜍之类。屋内分坐一对中年男女，左右立有侍者。屋室左侧墨书榜题"东王父"。棺盖正中自顶而下绘一金色长河，呈波状直贯尾部。河中点缀有白鹤、游鱼等。两侧绘缠枝双结卷草图案，中有珍禽、怪兽、仙人等（图七）。漆棺前挡绘墓主人生前饮宴图，人物皆为鲜卑贵族的装束。

漆棺侧板依内容可分为上、中、下三栏。上栏为孝子故事，中栏为装饰性图案联珠龟甲纹，中间是绘有侍从的直棂窗，下栏是狩猎图。孝子故事在上层，以横卷的方式展开，画幅以三角状火焰纹图案相间，故事情节的发展及主要人物行动方向，右侧是由前向后发展，左侧则恰好相反。孝子故事由数幅具有连续性的单幅画面构成。右侧有蔡顺、丁兰、尹伯奇等孝子故事，其中以尹吉甫之子尹伯奇的故事最为少见。左侧是郭巨与舜的故事，以舜的故事最为有趣。值得我们特别关注的是，表现舜的故事共十一则，榜题有八幅，画面构成一连环故事画。关于舜的故事，《孟子·万章》、《史记·五帝本纪》均有记载。自孟子将舜的事迹经过一个伦理化的过程之后，舜的故事便以两条系统传承。《史记·五帝本纪》所代表的是官方记载。另外，在民间舜的故事也广为流传。比较两种通行的故事，可以发现漆棺上舜的故事与《史记·五帝本纪》中的记载并不一致，而其大致内容与后世敦煌文书载录，尤其是与《舜至孝变文》中的情节却极为近似。敦煌变文中的舜的故事无疑是以民间流传为蓝本加以改编、增补。其渊流当溯至北魏。此外，在北魏司马金龙墓漆屏风、宁懋石室、孝子石棺上也有舜的故事的内容，所不同的是，舜出现时，皆为高冠博带，并有娥皇、女英侍立两侧。与道貌岸然的舜判然有别的是漆棺画上的舜，曾两次出现裸体形象，似一顽童，完全是对正统的"帝舜"思想的挑战。表现内容上也较同期所见丰富，从谋害舜开始，至舜父子和好，完整地表现了故事的全过程。故事画在北魏时日趋成熟，由过去的单幅，发展成数十幅有统一格局的连环形式。每幅距离大体相等，都有用于说明画面内容的边框榜题，无论情节繁简，形式上整齐划一。由原来表现片断情节，发展为首尾俱全的完整连环故事，无疑是一种进步。

拓跋鲜卑入主中原以后，深感统治中国需有汉文化基础，孝文帝开始推行旨在建立汉式家族秩序的活动。推广孝道思想是其汉化的主要内容。《隋书·经籍志》卷三十二记："魏氏迁洛，未达华语，孝文帝命侯伏侯可悉陵，以夷言译孝经之旨，教于国人，谓之国语孝经。"河间王元琛也曾向孝明帝"献金字孝经"[21]。《孝经》成为北魏社会最主要的思想启蒙读物。北魏漆棺产生的确切年代当在太和十年左右，正是冯太后推行孝悌思想之初，贯彻中国伦理思想之时。漆棺画上的人物皆着夹领小袖衣，当是对《孝经》鲜卑化的图解，与鲜卑语《孝经》可相互补充。应当引起注意的是，经过对漆棺孝子故事内容的仔细考察，发现创作者是依据一种有着深刻历史传统背景的孝悌故事模式绘制的，而这些是粗通汉文化的鲜卑工匠很难了解的，其制作者有可能是汉人工匠。

随着发掘、整理工作的深入，一件残破的银杯引起了人们的注意。银杯出土时已残，而墓葬又未遭盗掘，可知它随葬时已经损坏。其两端高，中间略低，通体呈舟形，平面为椭圆形。圆底，有一周十二枚方形凸起的联珠组成底座。中凹，内似有填充物。两耳为铜鎏金，似为后配。这件粗看起来与中国传统风格类似的银耳杯，实际上是由一萨珊式舟形杯改造而成的。萨珊王朝上层贵族生活奢靡，宴饮规模宏大，有时多达几百人，图案复杂的金银器，有时不足以应付众多的来宾。在很多时候，普通宾客只能用大众化的舟形杯来饮酒。国外博物馆等公私机构收藏的此类舟形杯甚多，大同北魏封突和墓也有银舟形杯出土[22]。

3. 寨科乡北魏墓

1987年夏，固原寨科乡农民发现一座古墓。据当事人所述，墓葬为长方形土坑墓。该墓出土嵌石金耳环、金项圈、铜镜及灰质陶罐等物。从铜镜、陶罐的形制判断，该墓葬的年代应属北魏时期。

4. 北周宇文猛墓

该墓位于固原南郊乡王涝坝村[23]。墓葬封土残高4.6米，直径12米，坐北向南，斜坡墓道，共有五个天井。墓室呈方形，南北宽3.5米，东西长3.6米。对全长达53米的墓葬来说，墓室不能不说有点小。墓室西北有一用砖铺设的棺床，长3.2米，宽1.8米，厚度仅为一砖。上置棺、椁。棺经髹漆，外有黄色漆皮。底部为1.5厘米厚的木炭层，上铺石灰，其上再填木炭。墓主人呈足东头西状。

其墓道、天井、过洞、甬道及墓室均有壁画，多已漫漶不清。目前仅存第五天井东壁一幅，高90厘米。其中人物侧身站立，头戴小冠，有一横簪穿过，着红色交领长袍，双手挂一仪刀。

该墓出土文物一百多件。陶俑的基本组合为镇墓兽、镇墓武士俑、甲骑具装俑、骑马俑、吹奏乐俑、风帽俑、笼冠俑、胡俑、文吏俑、执盾武士俑、执箕俑等。其中后两者曾出现在北周叱罗协、若干云等墓中[24]。除此之外，该墓还出土了陶马、骆驼、狗、鸡、鸡舍以及陶灶、井、磨、碓等屋厨用具。北周陶俑多采用半模制成，背部扁平，经焙烧后彩绘，做工粗糙，远不及北齐陶俑精美，除去地域风格外，北齐、北周经济实力方面的差异，也应成为我们要考虑的因素之一。

该墓出土墓志一合，志盖盝顶，四面斜杀，素面无纹。墓志全文五百一十六字，题为"周故大将军、大都督，原、盐、灵、会、交五州诸军事，原州刺史、槃头郡、开国襄公墓志铭。"文为"公讳猛，字虎仁，平高县人，其先颛顼之苗裔。""惟祖、惟父世为民酋。公幼表令湟，长而雄烈，出忠入孝，志夷国难。永安元年任都将，二年补都督。普大中除襄威将军，奉朝请。大昌元年除镇远将军，步兵校尉，除龙骧将军，员外谏议大（夫）。后至永熙三年大驾西迁封长安县开国侯，食邑八百户。大统二年加平东将军、大中大夫。四年除安南（将）军、银青光禄大夫，又除通直散骑常侍，加安西将军，增邑八百户，通前一千六百户，进爵为公。十三年加持节军将军，右光禄大夫除长乐郡守。十四年授大都（督）、原州诸军事、原州刺史。十五年授使持节、车骑大将军、仪同三司，寻加骠骑大将军，开府乃属。宝历归周，以公先朝勋膺，赐姓宇文氏，改封槃头郡开国公，曾邑一千户，通前二千九百户。即授龙武伯，三年转授龙宫伯。以公宗室勋膺，授汾州诸军事、汾州刺史。""春秋六十有九，保定三年岁次乙酉七月十五日遭疾薨于长安县鸿固乡永贵里。""皇上闻

图八　北周李贤夫妇合葬墓发掘前现场

而悼焉，诏赠原、盐、（灵）、会、交五州诸军事，原州刺史，谥曰襄。礼也。即其年十月廿三日葬于斯原"。宇文猛未见史传，其姓宇文氏，为北周初年所赠，其祖、父世为领民酋长，宇文猛为少数民族无疑。不过，对其姓氏墓志铭中没有记载。这类情况在北朝墓志中极为罕见。

5．北周李贤墓

据墓志铭记载，北周大将军李贤卒于北周天和四年（公元 569 年）。墓葬位于固原西郊乡深沟村南侧，虽遭盗扰，但仍出土三百多件随葬品㉕。

李贤墓是一座夫妇合葬墓，地面原有高大的封土，坐北向南，长斜坡墓道，多天井、过洞。墓室长 4 米，宽 3.85 米，基本是正方形土洞墓（图八）。壁面稍弧、铺有地砖的土洞墓，在以后的隋唐墓中颇为流行。墓道、天井、过洞、甬道及墓室均有壁画，内容主要以身着大口袴褶服、手挂或肩扛环首仪刀的侍卫为主。壁画原有二十幅，现存十八幅。第一过洞绘双层门楼，第二、三过洞分别绘单层门楼。墓室四壁原有十八幅壁画，现仅存五幅。每幅用红色边框分隔，属于较早的屏风画。大约在同时，北齐亦流行人物屏风画。北魏仪卫中一项很重要的内容便是门吏挂刀侍立左右，宁懋石室门左右便分立挂刀武士。李贤墓道仪卫所沿袭的是北魏旧制㉖，隋代史射勿墓壁画中手挂环首刀侍立的武士亦可看作是这种制度的延续。类似李贤墓壁画的绘画布局，对以后的隋唐墓室壁画风格的形成有着重要的影响。

李贤墓随葬品中以陶俑为大宗，共二百六十多件。根据以往学者对北朝时期陶俑的分类，成组的陶俑、用具模型等应包括四组内容：一、镇墓兽俑，二、出行仪仗，三、侍仆舞乐，四、屋厨用具等。除去第三组中的侍仆舞乐外，其余三组李贤墓基本上都具备，并以第二组出行仪仗俑数量最多，占总数的百分之八十以上。俑群中置放的陶驴，具有明显的时代特征㉗（见附表）。

李贤墓中最引人注目的是几件由中亚、西亚传入我国的舶来品。凸钉装饰玻璃碗，是典型的萨珊朝制品㉘（图九）。自五十年代末以来，在伊朗高原西北部吉兰省古墓中，出土了大量这类碗及残片。中国新疆巴楚脱库孜萨来遗址及最近发掘的北周田弘墓、日本冲之岛祭祀遗址、京都上贺茂神社遗址中亦有残片出土。玻璃碗经科学检验属钙钠玻璃，与萨珊玻璃成分一致。吉兰省等处出土的凸钉装饰玻璃碗或残片，由于土壤腐蚀的关系，表面有一层厚厚的风化层，使玻璃失去原有的光泽。而李贤墓出土的这件玻璃碗则呈绿黄色，风化层很薄，基本上保留了原有玻璃的色泽和光亮度。吉兰省有出土品的年代原报告，推测为萨珊王朝末期，即公元六世纪㉙。李贤墓玻璃碗纪年明确，对确定此类玻璃制品的年代具有标尺作用。

附表

北周陶俑、明器比较表

墓葬	年代	镇墓兽俑	镇墓武士俑	甲骑具装俑	骑马俑	骑马仪仗俑	风帽俑	武士俑	文吏俑	文官俑	胡俑	仪仗俑	笼冠俑	吹奏骑俑	舞乐俑	女侍俑	男侍俑	持鼓女立俑	帷帽男立俑	跪俑	执箕俑	马	驴	骆驼	鸡	鸡舍	狗	羊	井	磨	碓	灶	仓	屋
第一组							第二组							第三组								第四组												
拓跋虎★	保定四年（公元564年）		2	2	2	1		2				3				5	4																	
宇文猛	保定五年（公元565年）	2	2	7	9		9	9	10		64		8	3							1	4	1		1	2	2		1	1	1	1		
李贤妻吴辉	天和四年（公元569年）	2	2	6	11		43	32	44	49	38		25 9	9		28		骑马女官俑				5	2	2	4	1	1		2	2	2	2		3
叱罗协★	建德四年（公元575年）	4	4	14	12	13	10	16		49	束髻男骑俑5	风帽男骑俑4	8	3	1	16	3	1	39	2	2	1		1	2		4		2	2	2	1	1	2
田弘	建德四年（公元575年）																																	
王德衡★	建德五年（公元576年）	2	2	7	8	8	13		16 18			57	13	4	1		8					1		1	2	1	2		1	1	1	1	2	
若干云★	建德六年（公元577年）或宣政元年（公元578年）	2	2	10 21	6				8	8		26	8	5	1	1	9			2 1	1	2	1	1	1	2	2		1	1	1	1	2	
独孤藏★	宣政元年（公元578年）	2	1	11		13 10		1	11	9				1	1	1	6			1 1	1	1	1	1	1	2	2		1	1	1	1	2	
尉迟运贺拔氏★	大成元年（公元579年） 仁寿元年（公元601年）祔葬		1	1		1						1					2			1		1							1					
王士良董荣晖★	开皇三年（公元583年）				2	1						5				1	2					1	1	1	1				1	1	1	1	1	2
侯子钦★	开皇六年（公元586年）		1		5	5	8	4		12	3	17			7	3	6			1	青瓷牛1	1	1	1	1		1		1	1	1	1	2	
咸阳机场3号墓																					青瓷牛1													
咸阳机场4号墓						2															瓷牛1										1 1			
咸阳机场5号墓																																		
咸阳机场14号墓		2	2		7		5	2	4	4	2	7	4															1	1	1			1		

有★号者内容出处见注②。

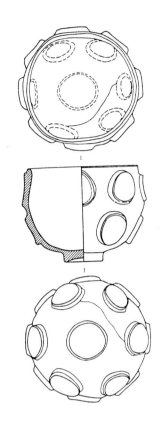

图九　玻璃碗（约1/3）

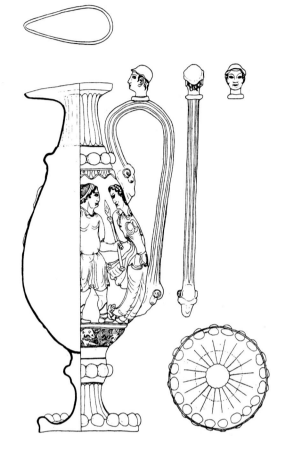

图一○　鎏金银壶（约1/4）

　　李贤墓出土的鎏金银壶完全沿袭萨珊王朝金银器的风格（图一○）。值得注意的是壶柄上端所铸的高鼻深目、头戴贴发软冠的胡人形象，此类形象与萨珊波斯人形象不同，属中亚巴克特利亚人。腹部打押出的三组六人图像，据 B. I. 马尔萨克（B. I. Marshak）考证，表现的内容是希腊神话"帕里斯（Paris）裁判"[30]，中间是阿芙罗狄蒂（Aphrodite，即罗马时代的维纳斯 Venus）向帕里斯递上金苹果，左边一组是帕里斯劫持海伦（Helen）时的情景，右边的一组是在特洛伊（Troy）之战后，海伦回到丈夫墨涅拉俄斯（Merelaus）身边（图一一）。而 O. 内耶摩洛夫（O. Neyemerov）则认为第二组手举盒子的女性是厄里费勒（Eriphyle），装在盒子里的是波吕尼克斯（Polynicus）贿赂她们的哈耳摩尼亚（Hermonia）项链。关于故事内容还有一些其他的说法。总之，这是一件具有萨珊风格的中亚制品，是希腊化对巴克特利亚地区影响的产物。

　　李贤夫人吴辉棺中出土了一枚金戒指，戒面上雕一裸体人物手执弧形花环。戒面宝石原认为是青金石（Lazurite），青金石是一种蓝色基调宝石，常在抛光面上伴有金色的星点，但这枚戒面并无青金石的特征，表面为一天蓝色的表层，而微雕人物即是在这一层面上。美国富兰克林博物馆收藏的一件萨珊银盘中央，有一舞动花环的裸体女神，与此戒指表面的人物非常相似，说明内容来自同一母题。由此可见，这枚镶宝石金戒指的原产地是萨珊或中亚某地。

　　李贤棺椁间出土的一件银装铁刀，为李贤生前佩刀，是目前所发现的北朝墓中唯一保存完整的铁刀。与传统环首长刀"璏式佩系法"不同，刀鞘一侧有上下两个纵装附耳，耳上有凸钉。先固定刀带，然后将两根短刀带挂于腰带之上，这种悬刀方式最早是公元五世纪时西土耳其斯坦发明，然

图一一　鎏金银壶腹部图案展开图

后向东、西方传播㉛。向西通过萨珊王朝传入欧洲，向东先传入中国，后传到日本。李贤墓出土的长刀，为简单的环首，并无有关文献记载中的仪刀那样繁多的形式，那么铁刀来自遥远的中亚、西亚是我们首先应考虑到的因素。

李贤墓志的发现对于厘清史书中关于其族属的记载很有帮助。志称：李贤"本姓李，汉将陵之后也。十世祖俟地归，聪明仁智，有则哲之监。知魏圣帝齐圣广渊，奄有天下，乃率诸国定扶戴之议。凿石开路，南越阴山，竭手爪之功，成股肱之佳，建国擒拔，因以为氏"。南北朝时，昌姓攀附名门之后的鲜卑人屡见不鲜，因汉将李陵投降匈奴后，有妻子留于匈奴，所以攀附者甚众。《宋书·索虏传》卷九十五载："索头虏姓讬跋氏，其先汉将李陵后也，陵降匈奴，有数百千种，各立名号，索头亦其一也。"《南齐书·魏虏传》卷五十七云："魏虏，匈奴种也。姓拓跋氏。……初，匈奴女名拓跋，妻李陵，胡俗以母名为姓，故虏为李陵之后。"李贤十世祖名俟地归，而与此相似的鲜卑人，亦可找出其他例证。《隋书·宇文述传》卷六十一云：宇文述"代郡武川人也。本姓破野头，役属鲜卑俟豆归，后从其主为宇文氏"。《周书·文帝纪》卷一也称："九世至俟豆归，为慕容皝所灭。其子陵仕燕。"《广韵》曰："鲜卑呼草为俟汾，遂号俟汾氏。后世通称宇文，盖音讹也。"其含义与"草"有关㉜。俟豆归即俟地归，名字只有一字之差，时代接近，估计含义相当，亦同属鲜卑。

图一二　北周田弘夫妇合葬墓发掘前现场

图一三　北周田弘夫妇合葬墓墓道

侯地归参加鲜卑所谓"第二次推寅","建国擒拔，因以为氏"。《周书·李贤传》卷二十五记：其弟李穆字显敬，平江陵后，"寻进位大将军，赐姓擒跋氏"。《北齐书·斛律光传》卷十七有"中国公拓拔显敬"，当为李穆。拓跋、擒拔或通，西魏末赐姓，当为复姓李氏。北周武成年"合方邑百数十人造像记"题名中有姓擒拔者十一人[33]。

6. 北周田弘墓

1996 年，此墓由原州联合考古队发掘[34]（图一二、一三）。墓葬由封土、墓道、天井、过洞、甬道、墓室组成，全长 50 余米。封土残高 4 米左右，直径约 20 米。为斜坡墓道，有五个天井，每个天井长、宽均有差别。第三天井被宋代灰坑和沟打破，第三、四天井间过洞早塌陷，第四、五天井过洞内有四层封门砖，内外两层为斜人字状铺砌，中间两层为横立砖铺砌。斜坡墓道至第五天井变为平底。由于早年盗掘，墓室和甬道大面积塌陷，墓室顶部结构不清。甬道中央有木质封门，门立框嵌于两壁内，用砖加固稳定，门已不存。甬道和墓室内铺有地砖，封门外侧有两层铺地砖，内侧一层与墓室铺地砖处于同一平面。墓室由主室、后室和侧室三部分组成，主室平面基本呈正方形，后室和侧室为长方形，铺地砖高于主室。后室有木质封门。

这是一座夫妇合葬墓，在后室和主室西北角处各有木棺一具，后室棺较大，均为双重棺，榫卯结构，不见棺钉。骨骸被盗墓者所扰，主室棺内骨骸大多置于棺外，后室棺内骨骸下铺有较厚的石灰。从人骨和随葬品出土情况分析，后室内为墓主人，主室内为其夫人。从墓道至墓室的纵向剖面看，第三天井内填土剖面出现二次堆积的打破现象，而且过洞封门铺砌杂乱，表明夫人是二次葬于墓室内的。夫人棺侧殉葬有狗骨骸。在第五天井上距地表 4 米左右处的盗洞内发现墓志，为"大周少师柱国大将军雁门襄公墓志铭"，记载了墓主人田弘的生平事迹。田弘建德四年（公元 575 年）死于襄州（今湖北襄樊），同年四月归葬原籍原州。

田弘墓在规模、形制、天井数目上都有别于邻近的李贤墓，其规模仅次于咸阳地区叱罗协墓。由主室、后室、侧室组成的墓室结构在固原地区发掘的北周墓中为第一次发现。田弘，原州人，历经北魏、西魏、北周三朝，战功卓著，是北周时期较为重要的人物，最后官至大司空、少师。

尽管此墓早期盗掘严重，仍出土大量珍贵文物。墓主人棺内出土有玉环、玉佩、东罗马金币及五铢钱、玻璃、玛瑙、水晶饰珠和丝制品残迹等。夫人棺内出土有玉钗、五铢钱、玻璃串珠、泥质串珠等。主室西南角均匀摆置有十余件陶罐，大多盛有糜子等粮食。另外，主室内还散置有鎏金铜花饰件、木器、漆器等物。东侧室内出土有骑马俑、武士俑等。第五天井内出土有较多的陶罐、陶盆、玉璜、玉环、铁钩、铁钉、玻璃器及漆器、丝制品和大量的木构件。一些木器贴附有云母片，其上用金粉绘几何纹、勾连纹、莲花纹等，十分精美。

田弘墓墓道、天井、过洞两壁没有壁画，从甬道开始，墓室四壁及后室、侧室均绘制壁画。甬道与主室顶部壁画内容不详。从保存情况看，甬道与主室四壁为人物形象。东、西壁仅存人物下肢部分。北壁后室两侧保存有两幅较为完整的壁画，后室与侧室两壁及后壁仅饰红、白两色，没有其他图案。田弘墓是继李贤墓之后北周墓壁画保存较好的一座。从壁画的构图、绘制手法看，两者有所不同。李贤墓从墓道至墓室均绘有壁画，内容为单幅人物，色彩有一个渐变的过程；田弘墓为成组人物或群体人物，颜色以红、黑为主，色彩鲜艳。不过，两者的人物都是绘在屏风框中。

（二）隋唐墓地

从 1982 年至 1995 年，在距固原西南 5 公里的羊坊村、小马庄村、王涝坝村发掘出隋墓一座、唐墓八座[35]。其中属羊坊村四座，小马庄村三座，王涝坝村两座。七座出土有墓志铭，除一座为梁元珍墓外，其余六座均为史姓墓。唐史道洛墓是由原州联合考古队共同发掘。另外两座虽没有墓志出土，但也极有可能同属史氏家族。根据墓志记载，可知此史姓即是魏晋以来由乌兹别克沙赫里夏勃兹地区东迁，后定居于原州（今宁夏固原）的"昭武九姓"中的史国人。这一墓葬群的发现，使原州与西域的密切关系获得了证实。隋唐间，活动于中亚地区阿姆河与锡尔河之间索格底亚那（Sogdiana）的粟特人，中国史籍称之为"昭武九姓"。主要为康国、米国、何国、史国、曹国、石国、安国、火寻、戊地等九国。九国均为康居之后，其祖先温王旧居祁连山北昭武城，被匈奴所破，西逾葱岭至两河流域，子孙繁衍，分王九国，并以昭武为姓，示不忘本。粟特人以擅长经商而闻名于世。自北朝初以来，通过漫长的"丝绸之路"，他们来往于中亚与中国之间，操纵着国际商贸活动，对于中西文化的沟通、交流，起过至关重要的作用。

墓葬都坐北朝南，每座墓葬之间距离数百米不等，从东向西呈一字形排列，依次为史索岩墓（图一四）、史铁棒墓、87M1、史诃耽墓（图一五）、史道洛墓、史射勿墓（图一六）、史道德墓、82M2（图一七）。仅就有墓志出土的六座史姓墓分析，史射勿、史诃耽、史道洛、史铁棒之间是互为子孙的关系，而史索岩和史道德之间则为叔侄关系。但根据墓志所显示出的史姓谱系，两支史氏并不属于同一史姓，却同葬一处墓地，很可能是在某种密切认同关系之下聚族而葬的。

墓葬形制为封土、斜坡长墓道、多天井、单室墓葬。除一座墓外，八座墓都有封土。唐代对品

图一四　唐代史索岩夫妇合葬墓发掘现场

图一五　唐代史诃耽夫妇合葬墓发掘前现场

图一六　唐代史射勿墓发掘前现场

图一七　唐代82M2发掘现场

官、庶人埋葬时的封土高度有明确规定。与之相对照，除去自然和人为因素不计，史道洛墓没有封土，以现存封土高度看，只有史索岩一人的封土在唐制规定的标准以下，其他六座墓葬封土高度均大大超过了唐制的规定，或是因在京城以外遵制方面不太严格的缘故。

固原南郊隋唐墓葬盛行长墓道、多天井的做法，九座墓葬均有天井，数量为二至七个不等。它们与官品的高下并无直接关系，而与地质条件有相当大的关系。西北地区多为失陷性黄土，结构极差，易塌陷，不适宜构筑长坡洞墓道，故而才在长斜坡墓道上凿天井，以满足人们在构建大规模墓葬上的礼仪需要。

墓室分为砖室墓和土洞墓两类。史诃耽墓为砖室墓，规模较大，营造较为考究，有石门、石棺床等。其余六座为土洞墓，其中仅史索岩墓有石门。一些学者通过大量分析石棺床使用者的身分，认为石棺床的使用是特殊的荣誉，而使用石门的亦为三品以上的贵族和官吏。

这些墓葬虽然均遭盗掘，但仍然出土了一批珍贵的壁画和器物。这些实物对研究当时的社会生活及中外文化交流均极为重要。

隋代史射勿墓墓道、天井处绘有武士、侍从壁画十幅，过洞处绘有门楼、莲花各一幅，墓室内绘侍女，是一座壁画墓，为隋代考古中所稀见，艺术价值颇高。已知隋代墓葬壁画为数不多，且仅山东嘉祥满硐杨楼村开皇四年（公元 584 年）徐敏行墓壁画保存较好。史射勿墓道两壁所绘侍卫形象，表现的是北魏旧制，武士执仪刀的作法，也明显承袭自北周。这类执刀形象在隋唐有着广泛的影响，成为最常见的武士形象。执笏板武士在汉代画像石中是表现最多的题材之一，后渐衰，降至隋唐又重新盛行，在唐墓壁画中是常见的内容，但似以史射勿墓为初见。

史索岩墓原有壁画，由于后世大量进水，墓道、天井之上的壁画基本与填土黏合在一起，完全不可剥离。墓室壁画则因墓室被盗后进水塌毁，现亦无存，只有墓道第五过洞上方的一幅朱雀图保存完整。在唐代，朱雀作为一种最常见的题材大量出现在石刻、金银器上，而出现于墓葬壁画中则多是盛唐以后，且仅集中在西安地区。史索岩墓过洞上方出现的朱雀图，应该被看作是北朝时期传统的延续，与长乐公主墓中朱雀图具有相同的意义。其目的主要是导引墓主人的灵魂。此墓朱雀一脚下垂、一脚呈凌空飞翔状的造型，在段简璧墓、李仁墓的石门上也可看到。

固原南郊隋唐墓中共出土六枚外国金银币，有明确纪年的墓葬除梁元珍墓外，另外六座史姓墓葬中均出有外国金银币。史道德墓金币是含在墓主人口中，其余五座墓的金银币均出土于棺床处，可能是墓主人上肢的部位。这些外国金银币经过初步研究，有一枚属萨珊卑路斯（Peroz）朝银币，一枚是萨珊阿尔达希尔三世（Ardashir Ⅲ）金币的仿制品。阿尔达希尔三世金币或银币及其仿制品在中国境内属首次发现，具有极为重要的意义。除史道洛墓金币外，其余三枚则基本可以确定是东罗马拜占庭金币的仿制品。死者口手中含握金币，无论在中亚、新疆吐鲁番或中国内地，其所能得到合理的解释应该只有一个，他们或同为中亚人，因此共同信仰一种宗教的可能性应是存在的。总之，虽然死者口手含握钱币的习俗起源于古代希腊，中亚地区的这种习俗与古希腊习俗也有着某种渊源的关系，但就其深刻含义而言，二者显然是有一定的差异。据推测，其与中亚地区流行的某一宗教，或与拜火教信仰有一定的联系。中国吐鲁番、固原、洛阳、西安等地死者含币习俗与中亚地区是一脉相承的。中亚、中国的发现表明，虽然古希腊习俗对其有一定的影响，但并不是严格意义上的，其主要是因传统不同。

史诃耽墓中出土有一枚蓝色宝石印章。类似的宝石印章是萨珊印章系统常见形式。其上有铭文。笔者在原报告中经比较推测此属于波斯帕勒维（Pahlavi）铭文。根据林梅村先生的解读报告，铭文属中古波斯文，转写应为：zʼtyhˊbˊtyhsˊtyh，读作 azadihabadih sadih，译为"自由、繁荣、幸福"[36]。最近，伊朗德黑兰大学伊朗学博士山内和也先生对这枚印章进行了研究。依照他们解读，该枚印章铭文属帕勒维铭文，拉丁文转写为：axwrad axwa［n］r［a］d axwa［n］rad，可译为"世界宽容！世界宽容！世界宽容！"前者 axwrad 是其单数，axwa［n］rad 则是其复数形式。铭文是萨珊王朝一种祈祷文[37]。由于古伊朗语铭文系统的复杂性所在，语言学家之间常常对同一铭文有不同的解读和理解。除去语汇范式比较外，国外公私机构类似收藏品也是我们用于衡定这枚印章的基础。

覆面的习俗可追溯到公元前许多世纪以前，东、西方都有非常相似的覆面。丝织物缀金属在表达埋葬思想时有着特别的意义。与这种习俗相配合的是在死者眼部盖上金、银等贵金属硬币，金、银光泽分别表示太阳、月亮的解释有着古老的传统，贫穷者则以青铜代替。这一习俗的传播与波斯安息帝国有着非常密切的关系。蒙古高原的 Kazakhs 人是这种信仰的忠实信徒，中亚甚至在遥远的匈牙利都发现有覆面的习俗[38]。史道德墓中的金覆面、新月托金球图案的金币可能和中亚的拜火教有一定的联系。这种有祆教色彩的覆面习俗可能是由粟特人传播至内地的。

梁元珍墓虽然同处于固原南郊隋唐墓地，但与史氏墓群并无关联。据墓志记载，其为安定朝那人，终身不仕，死于圣历二年（公元 699 年），终年七十二岁，其先夫人为弘农杨氏，后夫人为范阳卢氏，均属当时大姓望族。虽然梁氏仅为一隐士，但在婚姻关系上却表现出与望姓大族联姻的特征。梁氏墓葬因被盗所留文物甚少，壁画内容则较为有趣，天井、甬道两壁皆绘有牵马图，不同于同时期其他墓葬绘仪卫、侍骑、列戟等内容，当与其未仕有关。墓室壁画除侍者图外，围绕棺床还有十扇屏风画。结合梁元珍经历中崇尚玄学的思想，屏风画所表现的内容当是魏晋名士"竹林七贤与荣启期"的故事。其年代在唐代墓葬屏风画中属较早者。

对于北朝、隋唐历史来说，原州是一个不可忽视的地方，这一点已经被来自固原的诸多考古发现所证实。原州是西魏、北周统治者的根据地，在北周、隋、唐时期，由于距离首都长安较近，并且是汉唐国道的必经之地，东西方商人往来不绝，其中的中亚粟特移民值得我们特别关注。史姓墓地是我们在中国首次发现的粟特人墓群，而出土的文物丰富了我们对于流寓中国的中亚粟特人的认识。遥远而漫长的丝绸之路联系了东西方文明，使远隔万水千山的人民相互了解，虽然距离其鼎盛时已经过去一千多年，先辈们对待文化传播中宽容性的一面仍然值得后人深思。

①　固原地区地方志编纂委员会：《固原地区志》，宁夏人民出版社，1994 年，p.83～p.85。

②　宁夏回族自治区气象局：《宁夏气象志》，气象出版社，1995 年，p.69～p.114。

③　顾炎武：《日知录》卷三"太原"条。顾氏云："求太原，当先求泾阳所在"，"周人抗御，必在泾阳、原州之间"。

④　《旧唐书·地理志》卷三十八，中华书局标点本，引正史均以此版本。

⑤　《旧唐书·宣宗本纪》卷十八。

⑥　罗丰：《固原地区历代建置沿革考述》，《固原史地文集》，宁夏人民出版社，1990 年，p.20。

⑦　莫任南：《从〈穆天子传〉和希罗多德〈历史〉看春秋战国时期的中西交通》，《西北史地》1984 年第 4 期。

⑧　甘肃省文物考古研究所等：《居延新简·甲渠候关》，中华书局，1994 年，上册，p.174 上栏，下册图版，p.389。

⑨　前田正名：《北魏平城时代鄂尔多斯沙漠南缘路》，《東洋史研究》31 卷 2 号（胡戟中译本载《西北历史史料》1980

年第 3 期、1981 年第 1 期），后收入《平城の歴史地理學的研究》，風間書房，昭和五十四年，p.154～p.184。李凭等中译本，书目文献出版社，1994 年，p.115～p.156。

⑩ 严耕望：《唐代长安西通凉州两道驿程考》，香港中文大学《中国文化研究所学报》第 4 卷 1 期，1971 年；后收入其著《唐代交通图考》第二卷《河陇碛西区》十一篇，《中央研究院历史语言研究所集刊》第八十三本，1985 年，p.341～p.419。

⑪ 《旧唐书·元载传》卷一百一十八，《旧唐书·杨炎传》同上卷及《旧唐书·德宗本纪》卷十二等。

⑫ 张宁夫：《固原县汉墓》，《中国考古学年鉴》（1984），文物出版社，1984 年，p.173；宁夏固原博物馆：《宁夏固原汉墓发掘简报》，《华夏考古》1995 年第 2 期。

⑬ 宁夏固原博物馆：《彭阳新集北魏墓》，《文物》1988 年第 9 期。

⑭ 宁夏回族自治区博物馆等：《宁夏固原北周李贤夫妇墓发掘简报》附李贤墓志录文，《文物》1985 年第 11 期。

⑮ 宁夏固原博物馆：《宁夏固原唐史道德墓清理简报》附史道德墓志录文，《文物》1985 年第 11 期；罗丰：《固原南郊隋唐墓地》，文物出版社，1996 年，p.96。

⑯ 罗丰：《固原南郊隋唐墓地》，文物出版社，1996 年，p.3、p.136。

⑰ 同⑬。

⑱ 杨泓：《北朝陶俑的渊流、演变及其影响》，《中国考古学研究——夏鼐先生考古五十年纪念文集》，文物出版社，1986 年，p.268～p.276。

⑲ 《宋书·乐志》卷十九，此段原有脱文，今据《太平御览》卷五百八十四（中华书局影印本）引《宋书·乐志》补。

⑳ 宁夏固原博物馆：《固原北魏墓漆棺画》，宁夏人民出版社，1988 年，p.1～p.19。

㉑ 《魏书·河间王元琛传》卷二十。

㉒ 罗丰：《北魏漆棺墓出土的舟形杯》待刊稿。

㉓ 宁夏文物考古所固原工作站：《固原北周宇文猛墓发掘简报》，《宁夏考古文集》，宁夏人民出版社，1996 年，p.134～p.147。

㉔ 负安志编著：《中国北周珍贵文物——北周墓葬发掘报告》，陕西人民出版社，1992 年，p.27、65、p.83。

㉕ 同⑭。

㉖ 宿白：《宁夏固原北周李贤墓札记》，《宁夏文物》1989 年总 3 期。

㉗ 杨泓：《略论北周李贤墓的陶俑和铁刀》，《宁夏文物》1989 年总 3 期。

㉘ 安家瑶：《北周李贤墓出土的玻璃碗》，《考古》1987 年第 2 期；齐东方、张静：《中國出土的波斯薩珊凸出円紋切子装飾玻璃器》，《創大アジア研究》第 16 號，1995 年。

㉙ 深井晉司：《ギラーン州出土の二重圓形切子装飾瑠璃碗に關する考察——京都上賀茂出土の瑠璃碗斷片する私見》，《ペルシフ古美術研究》第二卷，吉川弘文館，昭和五十五年，p.193～p.205。

㉚ B. I. マルシヤーク、穴沢和光：《北周李賢夫妻墓とその銀製水瓶について》，《古代文化》第 41 卷第 4 號，京都，1989 年，p.154。

㉛ 參見古代オリエント博物館：《シルクロードの貴金屬工芸》，有限會社會シマプしス，1981 年，p.5；孙机：《玉具剑与璏式佩剑法》，《考古》1985 年第 1 期及注㉗杨泓上揭文。

㉜ 周一良：《论宇文周之种族》，《中央研究院历史语言研究所集刊》第七本第四部分，1993 年，后收入其著《魏晋南北朝论集》，中华书局，1963 年；亦收入《魏晋南北朝史学论集》，北京大学出版社，1997 年，p.239～p.255。

㉝ 马长寿：《碑铭所见前秦至隋初的关中部族》，中华书局，1985 年，p.57～p.59。

㉞ 谷一尚：《中國·北周と唐の壁畫墓》，《季刊考古學——日本·オリエントニシルケロード特集》第 61 號，1997 年。

㉟ 罗丰：《固原南郊隋唐墓地》，文物出版社，1996 年，p.7～p.135。

㊱ 林梅村：《固原粟特墓所出中古波斯文印章及其相关问题》，《考古与文物》1997 年第 1 期；后收入其著《汉唐西域与中国文明》，文物出版社，1998 年，p.198～p.208。

㊲ 承山内和也博士教示，并蒙使用其结果，谨表谢意，山内君的详细解读报告亦即将发表。

㊳ Mihaly Benkd：Burial masks of Eurasian mounted Nomad Peoples in the migration Period (lst Millenium A. O)，Acta Orientalia Hung，XLVI，2—3，1992—93，p.127～128.

原州文化在古代东西文化交流中的地位

雷润泽

地处中国西北的黄土高原与鄂尔多斯地台沙碛结合部位的宁夏固原（古称原州），向来是关中通往西域的孔道要隘。这里黄土堆积浑厚，气候宜耕宜牧，为人类的栖息和各民族的繁衍发展提供了理想的场所，自古以来就是中原农耕民族和中亚游牧民族交融聚汇之地，地下和地上人类活动遗迹极为丰富。

自本世纪八十年代开始，宁夏文物考古工作者通过文物普查、考古调查、抢救清理和发掘，在宁夏南部的固原、彭阳、西吉等地，发现了大量西周、春秋战国、秦汉的墓葬及汉魏至宋元的文物、遗迹。对照文献记载和有关出土实物资料，我们不妨把这种跨越两千年的地域文化称为"原州文化"。本文将试述原州文化在东西文化交流中的地位及重要价值。

一

据文献记载，固原在夏、商、周之际属雍州之域，世居戎狄种落。《史记·五帝本纪》卷一称："黄帝轩辕北逐荤粥。"索隐曰："荤粥，夏曰淳维，殷曰鬼方，周曰猃狁，汉曰匈奴。"随着与陇东周人的交往发展，游牧种落戎在固原地区建立了乌氏戎和义渠戎两个小方国。春秋战国时期（公元前770年～前221年），秦穆公"攻破西戎十二国，开地千里，遂霸西戎"。义渠戎、乌氏戎与秦抗衡几百年，后被秦孝公攻灭，始置乌氏、义渠两县。秦汉时期（公元前221年～公元220年），固原先属北地郡（郡治义渠），领有义渠、乌氏两县，武帝时分北地郡增置安定郡，郡治高平（今宁夏固原），隶凉州刺史部，领有高平、乌氏、月氏、朝那四县。为防御匈奴侵扰，汉在乌氏设瓦亭关，在朝那设萧关。武帝曾三次出萧关北击匈奴，迫使匈奴西迁，部分匈奴降汉，南下朔方。光武帝进军高平，大败隗嚣，平定叛乱。由此可见，在秦汉以前，固原地区一直是乌氏戎、义渠戎等游牧民族的活动中心。至秦汉，这里则成为汉与匈奴争战之地。最近，北京大学林梅村先生通过对商周甲骨卜辞和青铜器铭文的考证，结合文献资料，指出中原与西域诸文明的最初接触即是在固原地区。其研究补充了史书记载中的不详之处①。

近二十年来，宁夏文物考古工作者通过对这一地区西周、春秋战国及秦汉墓葬的系统发掘，发现了柳叶形触角兽头青铜剑、管銎斧、鸟形纹饰件、车马饰件和大量圆雕动物金属饰件、单体或多体动物形饰牌及怪兽透雕饰牌、斗兽搏噬纹饰牌、B形斗兽搏噬纹饰牌与人物车马犬纹饰牌、长方形动物纹饰牌等物②。它们大都是北方民族青铜文化发展期和鼎盛期较为典型的器物，并且自成系列，是西戎、北狄文化区中特征较为鲜明的器物标本。这些器物的出土说明在丝绸之路开通以前，就存在着一条途经此处的草原之路，从西方输入金属和玻璃制品，从东方输出丝绸制品。研究中国古代北方民族文化的学者田广金③、乌恩④、罗丰⑤等和台湾学者杜正胜⑥及日本、美国的一些学者，将固原地区发现的大批戎狄文化遗存与同时期国内外的有关遗物进行了深入的对比研究。他们认为固原地区自上古以来就是华夏文明与西域文明最初接触的地带，戎狄游牧民族既与商周交往，又与西域各民族交往。乌氏戎、义渠戎等游牧部落在这一地区充当了早期东西方文化交流的媒介。固原地区出土的先秦时期的文物进一步印证、补充了商周甲骨文及铭文与史书对这一地区历史的记载。

先秦时期以戎狄为代表的"原州文化"，是北方游牧民族与中原农耕民族交融的一种地域文化。它是商周时期戎族吸收了欧亚草原民族文化的优秀成果和传统，在向关中等地区传播的过程中又吸取了中原农耕民族的先进技术和传统，兼收并蓄发展起来的一种过渡性文化。它代表着这一地区农牧经济向游牧经济的演变，步车战向骑射战与游牧国家的转变，戎狄文化向匈奴文化的转变。戎狄种落的广泛活动，起了中原文化向西北传播和西方文化向东南传播的桥梁中介作用，促进了青铜时代东西方的交往和民族的发展，形成春秋、战国以来中国北方游牧民族不断华夏化、北方华夏诸侯国不断戎狄化的融合倾向，导致北亚地区部落联盟的出现和游牧国家的不断崛起与南下，为扩大东西方交往和丝绸之路的开通奠定了基础。

二

秦汉两朝皆在固原地区设郡县、修关隘，务畜务农，着力经营。先秦的戎狄文化消失，部分没入匈奴。被汉武帝攻击的匈奴主力西迁，降服的南匈奴与东渐归服的月氏、羌人进入该地，形成汉、匈奴、月氏、羌等混杂的局面，进一步促进了东西的交往和这一地区经济的发展。东汉末年，由于地方豪强割据势力的争斗和游牧民族的反叛与农民起义，造成社会动荡，为北方游牧民族的大量内迁和迅速崛起提供了契机。据史书记载，匈奴别部休屠胡，在其首领梁元碧的率领下，共两千余落自凉州附雍州，被置于高平一带⑦。与此同时，鲜卑鹿结七万余落也屯居高平川，并与乞伏部迭相攻击。后乞伏国仁五世祖祐邻战胜鹿结，"尽并其众，因居高平川"。其子后徙居牵屯，史称"陇西鲜卑"。十六国时期，乞伏国仁趁前秦苻坚败亡，自称大单于，建立西秦政权⑧。从拓跋部分出的一支鲜卑，在秃发乌孤率领下，从塞北往西南迁徙，后被曹魏的镇西将军邓艾纳降数万，"置于雍、凉之间，与民杂居"，史称"河西鲜卑"。该部在其四世孙树机能领导下，攻占高平，杀死秦州刺史与凉州刺史⑨。晋室南迁后，北方广大地区长期处于混战割据的十六国时期，而高平则成为前赵、后赵、前秦、后秦、西秦、大夏、代魏争战的中心。匈奴族刘曜建立的前赵，以关陇地区为中心，"以朔州牧镇高平"，后被羯人石勒建立的后赵攻灭。羌族姚苌渭北起兵，杀死前秦王苻坚，自安定攻占长安，史称"后秦"。前、后秦在秦陇地区进行了长期拉锯战，西秦乞伏乾归乘机攻占高平，高平鲜卑没奕于败逃他楼（今宁夏固原北），被后秦封为车骑将军高平公，西秦势力从河西扩展到高平一带⑩。匈奴铁弗部是匈奴男子与鲜卑女子婚配而产生的部族，这时迁徙到朔方一带，并逐渐强盛起来。因攻代魏鲜卑兵败，其首领刘卫辰与子直力鞮被擒杀，三子勃勃率部众出逃投靠薛干部，被没奕于招为驸马，助其镇守高平。公元407年，勃勃谋叛，偷袭没奕于，尽并其众，遂称"大夏王"。其建高平等城，改姓赫连，与姚兴连年征战于秦陇之间，不断灭诸部扩大势力范围，并乘晋太尉刘裕灭后秦东还中原之机，入长安即皇帝位⑪。赫连勃勃称帝后，诸子为争夺皇位互相残杀，使国力削弱，后被代魏攻灭。拓跋鲜卑政权进占关中、秦陇后，势力大增，先后灭掉东方北燕、西方北凉，统一中国北方，结束长达二百余年的割据战争，史称"北魏"。

北魏统治者为了防御漠北柔然等游牧民族南下侵扰，一方面在高平与灵州设立军镇，加强西北防务，保障丝绸之路畅通，另一方面将大量降附的柔然、敕勒（高车）部族安置在高平镇与薄骨律镇之间⑫，并且将内地汉人迁来屯居，建设军备粮草基地，同时采取各种改革措施，推行汉化，实行休养生息政策。一时北魏王朝威震漠北、西域、中亚，平城（今山西大同）与洛阳成为东西交通线上的政治、经济、文化中心。而高平自北魏正光五年（公元 524 年）改建制为原州（治高平）后，则成为北朝时期过往贡使、商客、僧侣教士活动频繁的重要地区之一。尽管北魏王朝不久衰败，分裂为东魏、西魏，并被北齐高洋与北周宇文氏所取代，但原州仍旧保持了其在东西文化交流中的重要地位。

隋唐之际，漠西北兴起的突厥，逐渐向东南扩张，多次分兵南下灵原二州，威胁隋、唐王朝的安全和西北地区的稳定。突厥原活动在叶尼塞河上游唐努山、萨彦岭一带，后徙居天山东麓，隋时分裂成东西二部。大业七年（公元 611 年），九姓铁勒中大部落薛延陀灭掉东突厥⑬。为了解除这一威胁，隋文帝、唐高祖先后以原州为基地，在加强防务和关隘建设的同时，集中兵力从原州出击，经过多次较量，终于使其归附。周边的各少数民族，如铁勒、吐谷浑⑭、党项⑮、昭武九姓的粟特⑯、吐蕃⑰等闻风亦纷纷归附。据史书记载，贞观二十年（公元 646 年）九月，唐太宗抱病赴灵州，接见归降的铁勒诸部数千首领，被尊称为"天可汗"⑱。唐王朝由此成为威震东西的大国，原州则成为西域各族和中亚各国贡使、商客、僧侣、朝团频繁往来的必经之地。周边各民族的大量迁徙、侨居，打破了先秦时期生活在固原地区的戎狄民族狭小的活动范围，为原州文化增添了更加丰富的内容，注入了新的活力。

丝绸之路开通后，佛教逐渐东传。以固原须弥山石窟为代表的原州众多佛教圣迹及大量的石、青铜造像的出土，证实了北朝至隋唐时期佛教在这里曾极为兴盛。须弥山石窟规模较大，开窟造像时代集中，演变发展过程清楚，第 45、46、51 窟等北周大窟与圆雕大造像堪称北周造像中的艺术精品。石窟初创于北魏，发展于西魏，兴盛于北周与隋唐。其兴衰的过程与原州的历史和佛教文化发展密切相关⑲。彭阳出土的一批北魏石造像，一部分带有犍陀罗造像风格，另一部分则带有北魏前期鲜卑化的褒衣博带式的秀骨清像和后期汉化逐渐丰腴的敦厚相。其形象与服饰的变化十分明显，反映出佛教艺术在原州的汉化过程⑳。固原北魏漆棺墓出土的有佛降龙伏虎图案的透雕铜铺首与铜牌及漆棺画中带有头光、面形圆润、上身袒露、佩有项圈等物的菩萨像，说明佛教已渗透到原州葬制之中。西吉出土的大量鎏金小铜造像㉑则反映出隋唐时期佛教已普及到原州社会生活的每一个角落。

北朝及隋唐时期的原州佛教文化，是构成繁荣发达的原州文化的一项主要内容。伴随着多种民族的频繁交往与杂居融合，中原汉族的宗教观念也渗透到少数民族的意识与信仰之中，如固原出土的北魏漆棺画中的"东王公"、"西王母"像与孝子故事连环图画，说明道教神祇和孝道观念，已被鲜卑族墓主人接受。而西亚、中亚人的崇拜物与信仰观，也随着民族迁徙被带到原州，如固原北魏漆棺墓和隋代史射勿墓出土的带有琐罗亚斯德创世拜火教（祆教）祭坛图案的萨珊银币与鎏金桃形花饰及唐代史诃耽墓出土的带有生命树图案的蓝色圆形宝石印章。另外，固原还出土了侨居原州的粟特人史氏墓志，记载其先祖多是祆教的"萨宝"（教长）及随商队入仕中原的情况[22]。多种宗教文化的传播，给原州文化的繁荣发展带来了无穷的活力。

1983年，考古工作者在固原南郊发掘了一座汉墓，出土了许多镶嵌有绿松石的几何形残断金佩饰，说明西亚的金属加工工艺，在汉代是通过丝绸之路传播到高平（图一）。魏晋至北朝以来，西

图一　几何形金佩饰（残）

亚波斯的戎装甲胄、佩刀服饰、金银器、玻璃器、货币及生活习俗，通过迁徙的游牧民族和中、西亚的贡使、商客、僧团的频繁往来，大量传入中原，对原州社会生活影响极深。固原北魏漆棺画中的狩猎宴饮图、环状几何联珠纹图像，即带有波斯萨珊的风格。彭阳新集乡北魏墓和固原宇文猛墓出土的甲骑具装俑、具装武士俑，其甲胄及造型亦深受波斯的影响。北周李贤墓出土的鎏金银壶、玻璃碗、镶青金石金戒指、银装双附耳鞘的铁刀及固原各地出土的萨珊金、银币和东罗马金币，都带有浓烈的西亚风格。孙机先生将北魏漆棺画和鎏金银壶等文物，与同时期中外文物进行了对比，并在他的《中国古代文物与东西文化交流中的若干问题》一书中指出："漆棺年代应为太和八年至十年（公元484~486年），也就是说，在北魏献文帝已死、冯太后开始推行汉化政策期间制作的"，"因为在漆棺画上，可以明显地觉察到草原文化与中原文化并而未合、汇而未融的时代气息"，"漆棺画中的人物皆着鲜卑装，故而在整个漆棺上笼罩着浓厚的鲜卑色彩，但中原文化的影响仍有所体现，比如漆棺盖上主题花纹是安排在银河两侧的日轮和东王父以及月轮和西王母，实际上是一幅带有道教色彩的天象图"。"漆棺画中的'汉化'因素是透过其鲜卑气氛闪现出来的"，"类似情况在棺画中的孝子像上也可以看到，无论是舜、蔡顺或郭巨，一律鲜卑装"。"从漆棺前挡所绘墓主像着鲜卑装坐于榻上，右手举杯，左手持小扇，竟尔表现出一派哒作风"[23]。哒人自称为匈奴，西方则称之为白匈奴，起初曾居住在阿尔泰山下，因受柔然攻击西徙。公元五世纪中叶，哒灭贵霜，后又击败萨珊，成为继贵霜而崛起，领有康居、粟特、大夏、吐火罗、富楼沙等地的中亚游牧大国，并与北魏通好。"自太安（公元455年）后，每遣使朝贡"[24]。孝昌三年（公元527年），波斯哒使节曾向北魏统治者敬献狮子，路过高平，被万俟丑奴截留。其因此改年号为神兽。固原北魏漆棺画绘制之际，正值哒盛期。在文中，孙机先生还提出固原北周李贤墓出土的鎏金银壶是哒制品的许多论据，一反出土之初研究者认为是萨珊制品之说[25]，和吴焯先生"哒占领区的土著工匠或者客籍于这一地区的罗马手艺人"，即粟特制品之说一致[26]。与哒有关之事物频频发现于固原，也说明了原州是丝绸之路东段北道的一个重要地点。

粟特是一个活跃和居住在中亚阿姆河与锡尔河流域的商业民族，长期从事商品生产与中转贸易，

图二　绿釉小扁壶（残）

奔走于东南欧、西亚与中原之间。固原南郊史氏墓地的发现[27]，证实了自北朝以来，粟特人曾组成商团大量来华，并从事多种职业。世居原州的粟特人史氏和其他粟特人，对传播西方文化、促进民族融合、发展地区经济和繁荣原州文化作出过重要贡献。固原城郊曾出土一件北魏绿釉小扁壶[28]（图二），两面有胡腾舞图案。该物与宁夏盐池苏步井唐代昭武九姓何氏墓出土的刻有胡旋舞图案的墓门题材相同[29]（图三、四），表现的都是自中亚康国与石国传入中原的西域舞。胡腾舞、胡旋舞在北朝与隋唐之际曾风靡一时，特别是受到了皇室贵族的推崇与欣赏。固原须弥山石窟北周大窟佛龛下面的伎乐浮雕和彭阳新集乡北魏墓、固原北周李贤墓出土的乐俑及伎乐墓室壁画，即反映出中、西亚乐舞对原州文化艺术的深刻影响。

固原北朝与隋唐墓出土物中，不但有和中、西亚相似的器物，而且还有与韩国、日本同时代相类似的器物。仅举以下三例：

1. 固原北朝、隋唐墓中出土许多玻璃制品（大多是残碎品），经检测都是来自西亚。其中以北周李贤墓出土的玻璃碗最具典型意义。类似的玻璃器，在伊朗，中国楼兰、巴楚、鄂城、北京，韩国的庆州，日本的橿原、冲之岛、安闲陵均有发现[30]。

2. 我国自春秋、战国时期以来流行的璏式佩刀剑法，被大月氏与匈奴人传到印度贵霜和欧亚大草原，甚至影响到希腊、罗马，而萨珊时期将装璏改为装双附耳的佩刀剑法，公元六世纪返传至

图三　盐池唐墓墓门

图四　盐池唐墓墓门石刻舞蹈图

图六　日本正仓院藏鸟毛立女屏风（局部）

图五　装双附耳的刀

1. 萨珊金鞘铁刀　　2. 日本正仓院藏金银钿装唐
大刀　3. 克孜尔石窟壁画　4. 北齐娄睿墓壁画
5. 隋代张盛墓出土瓷俑　6. 唐代永泰公主墓壁画
7. 唐代苏君墓壁画　8. 太原金胜村唐墓壁画

我国，并风行于隋唐之际。固原北周李贤墓出土的银装双附耳铁刀，正是这种波斯佩刀法。而日本正仓院所藏的金银钿装双附耳唐刀，与萨珊金鞘双附耳铁刀及固原北周李贤墓银装双附耳铁刀有惊人的相似之处○31 （图五）。

3. 固原唐梁元珍墓室东壁绘有一枯树，树下绘侍女、侍者等人物。南壁虽残，仍可见有一拱手侍者及一狗。西壁与北壁则皆为五扇人物屏风画，每扇均有红色边框，内绘一枯树，树下立一有须老人○32。类似的墓室屏风画在西安和太原附近的唐墓中亦有发现。而此图从构图到人物的风貌，与日本正仓院所藏"鸟毛立女屏风"（图六）几乎如出一辙，证明"鸟毛立女屏风"确为唐文化的产物○33。

从以上三个实例，我们可以清楚地看到一条西方文化向东传播的路线，而原州正处于这条传播路线的中心位置。原州考古的发现把地中海、伊朗高原、哈萨克斯坦、蒙古高原、黄土高原、朝鲜半岛、日本海岛紧密联系起来。

在魏晋至隋唐时期，由于北方游牧民族的大量进入和频繁争战，以及中西亚民族大量迁徙、侨居，促进了原州农牧经济的发展和社会文化生活的繁荣，并将原州文化从先秦的产生期、秦汉的发展期，推进到鼎盛期。这种鼎盛表现为各族民众都有了共同的宗教信仰，社会生活内容极大丰富，而农牧民族的结合，则使各种生产技艺和生活方式得到推广，丰富了人们的物质生活，从而使原州成为中原王朝的重要军备物资基地和丝绸之路上东西交往的一个重要聚汇点。

原州的历史是中华民族五千年文明史的缩影，而中华民族五千年的文明史则是华夏与周边各民族长期交汇融合共同发展的历史。在华夏族与北方游牧民族长期交往融合发展的过程中，许多部族种落逐渐融合消失，华夏族逐渐发展壮大。根据历史的记述和考古发掘获得的文物资料所揭示的原州文化，较为集中地从一个局部反映了中华民族文化发展繁荣的过程，具有典型意义。

宋元以后，原州文化日渐衰落。

① 林梅村：《中原与西域诸文明的最初接触》，《汉唐西域与中国文明》，文物出版社，1998 年，p.21～p.22。

② 《中国青铜器全集·北方民族》，文物出版社，1995 年。

③ 郭素新、田广金：《源远流长的北方民族青铜文化》，《中国青铜器全集·北方民族》，文物出版社，1995 年，p.1～p.39。

④ 乌恩：《中国北方青铜文化与卡拉苏克文化的关系》，《中国考古学研究——夏鼐先生考古五十年纪念论文集》（二），科学出版社，1986 年，p.135～p.150。

⑤ 罗丰：《固原青铜文化初论》，《考古》1990 年第 8 期。

⑥ 杜正胜：《欧亚草原动物纹饰与中国古代北方民族之考察》，《中央研究院历史语言研究所集刊》第六十四本第 2 分册。

⑦ 《三国志·郭淮传》卷二十六，中华书局标点本，引正史均以此版本。

⑧ 《晋书·乞伏国仁载记》卷一百二十五。

⑨ 《晋书·贾充传》卷四十。

⑩ 同⑧。

⑪ 《晋书·赫连勃勃载记》卷一百三十。

⑫ 《魏书·杨播传》卷五十八。

⑬ 《隋书·突厥传》卷八十四。

⑭ 《旧唐书·吐谷浑传》卷一百八十九。

⑮ 《资治通鉴·唐纪》卷二百四十九。

⑯ 《北史·西域传》卷九十七。

⑰ 《旧唐书·吐蕃传》卷一百九十六。

⑱ 《资治通鉴·唐纪》卷一百九十八。

⑲ 陈悦新：《须弥山石窟概述》，《须弥山石窟内容总录》，文物出版社，1997 年，p.4～p.26。

⑳ 韩孔乐等：《固原新集公社出土的一批北魏佛造像》，《文物与考古》1984 年第 6 期；杨明：《宁夏彭阳江河出土一批石造像》，《文物》1993 年第 12 期。

㉑ 李怀仁：《宁夏西吉发现一批唐代鎏金铜造像》，《文物》1988 年第 9 期。

㉒ 罗丰：《固原南郊隋唐墓地》，文物出版社，1996 年。

㉓ 孙机：《固原北魏漆棺画》，《中国圣火》，辽宁教育出版社，1996 年，p.122。

㉔ 《北史·嚈哒传》卷九十二。

㉕ 宁夏回族自治区博物馆等：《宁夏固原北周李贤夫妇墓发掘简报》，《文物》1985 年第 11 期。

㉖ 吴焯：《北周李贤墓出土鎏金银壶考》，《文物》1987 年第 5 期。

㉗ 同㉒，p.16、p.43、p.67、p.82、p.93。

㉘ 《宁夏文物》1991 年第 1 期彩色插页。

㉙ 宁夏回族自治区博物馆等：《宁夏盐池唐墓发掘简报》，《文物》1988 年第 9 期。

㉚ 安家瑶：《北周李贤墓出土的玻璃碗》，《考古》1988 年第 2 期。

㉛ 孙机：《玉具剑与璏式佩剑法》，《中国圣火》，辽宁教育出版社，1996 年，p.15～p.40。

㉜ 同㉒，p.117～p.120。

㉝ 杨泓：《漫话唐代六曲画屏》，《文物丛谈》，文物出版社，1991 年，p.234～p.243。

北 周 墓 葬 形 制

卫　忠

　　从公元 557 年宇文氏改元建立北周，到公元 581 年外戚杨坚建隋代周，北周历时二十五年。临近北周都城长安的咸阳地区和固原一带，是统治的中心地区之一，战略和经济地位十分重要。目前所发现、发掘的北周墓葬也主要集中在此。

　　北周墓葬在本世纪五十年代就有发现。西北文物清理队发掘了咸阳底张湾建德元年（公元 572 年）步六孤氏墓[①]，北京大学考古实习队在陕西华县发掘一座土洞墓[②]。八十年代以后，北周墓葬多有发现。1983 年，在宁夏固原西郊乡深沟村发掘了北周天和四年（公元 569 年）李贤夫妇合葬墓[③]。1986 年至 1990 年，在配合咸阳机场建设工程中，发掘北周墓葬十二座[④]，其中有墓志的六座[⑤]。1990 年，在咸阳渭城区渭城乡坡刘村，渭城区文物管理委员会清理了北周保定四年（公元 564 年）拓跋虎夫妇墓[⑥]。1993 年，在宁夏固原南郊乡王涝坝村发掘了北周保定五年（公元 565 年）宇文猛墓[⑦]。1994 年，在咸阳底张镇除马村发掘了北周武帝孝陵[⑧]。1996 年，在宁夏固原西郊乡大堡村发掘了北周建德四年（公元 575 年）田弘墓[⑨]。以上多为带天井斜坡墓道的土洞墓。其发掘对于了解北周墓葬的基本特征、渊源和发展都十分重要。

　　本文将依据上述墓葬材料，试对北周墓的形制及其相关问题作初步探讨。

一

　　目前所知已发掘的北周墓中，只有咸阳机场尉迟运和贺拔氏夫妇合葬墓有墓上石刻，其他均未发现墓上建筑遗迹。该墓依次对称排列石人、石羊、石虎。从出土位置看，均放置在墓道（竖井）的前面。

　　咸阳机场北周墓的封土已不存，其形制不明。固原地区所发掘的三座墓保留封土，残存高度不一，基本呈不规则圆形馒头状，逐层夯筑，夯层厚度为 7～13 厘米不等。田弘墓封土向南侧墓道方向漫延，覆盖连接甬道的天井。

　　现已发掘的北周墓除王士良和董氏合葬墓、咸阳机场 13 号墓以外，均为斜坡长墓道带天井的土洞墓，由墓道、天井、过洞、甬道和墓室几部分组成。个别墓在天井或过洞底部有壁龛。总长度不等，最长为叱罗协墓，全长 68.25 米，是已知发掘的规模最大的北周墓葬；最短为咸阳机场 5 号墓，全长 10.9 米。墓向基本呈南北向。

（一）墓道

墓道一般在原地面开挖，开口宽度与底部大致相当。隧道部分与墓道相接，坡度基本一致。咸阳机场3号墓较为特殊，其坡度在接近隧道处陡然加大，使墓道前端坡度与隧道顶处在同一直线上。王德衡墓隧道坡度在靠近甬道的最后一个天井处，底部变成水平。咸阳王士良和董氏合葬墓墓道为长方形竖井式，在东南角的东南两壁上各有二十二个脚窝，脚窝为椭圆形，每个脚窝间距0.2～0.4米不等。

（二）过洞

过洞一般为拱券顶，宽度较墓道稍窄。每个过洞的高度基本一致，顶部大致与斜坡平行，但也有个别例外，如王德衡墓的过洞与墓道宽度一致，宇文猛墓第二过洞的高度要高于其他过洞。

（三）天井

每座墓的天井数目不等，多为三或五个。叱罗协墓有六个天井，是北周墓天井数量最多的一座。王德衡墓和咸阳机场6号墓有两个天井，而咸阳机场5号墓只有一个天井。

天井平面一般呈长方形。有的天井呈直壁竖井式，底部与口部宽度相同，如王德衡墓；有的为底大口小的覆斗形，如叱罗协墓；有的两侧壁均内斜收，使底部宽度大于口部宽度，如独孤藏墓；也有一侧壁竖直，另一侧壁斜收，如尉迟运墓。靠近墓室的天井一般侧壁斜收幅度相对要大。

同一墓葬天井的大小、间距均略有差别。王德衡墓第一、二天井长度为2.3米和2.8米，而第三天井长仅1.02米。田弘墓第三、四天井在修建、亦或二次埋葬的过程中发生坍塌，使第三、四天井合成一体。另外，也有天井间距相当，但大小不一的，如尉迟运墓；或天井间距不一，但大小大体相当，如独孤藏墓。

李贤墓每个天井东西两侧靠南壁处各有一排半圆形脚窝，脚窝间距0.2～0.4米，有脚踩痕迹。

固原地区的北周墓墓道、天井内的填土均经夯实。李贤墓在三个过洞内皆用土坯夹砖封砌。田弘墓在第四、五天井过洞铺砌高达1.45米的封墙，砖下垫以0.2米厚的填土。

（四）壁龛

武帝孝陵、叱罗协墓和宇文猛墓在天井下部分别发现有壁龛。叱罗协墓在第五、六天井底部的东西两壁相对各开两个壁龛。第五天井两个壁龛平面呈凸字形，龛口为方形，顶略拱，龛顶为平顶，大小基本一致，底部高于天井地面。其用砖封门，后安装木门。第六天井两个壁龛平面由口向内进深逐渐内收，略呈梯形。龛口为方形，龛顶为平顶，用砖封门。武帝孝陵分别在第四、五天井的东西两壁相对开设有四个壁龛，龛门均用土坯封堵。四龛平面基本呈长方形，皆为平顶，只有第四天井东壁龛平顶略拱。宇文猛墓在第五天井西壁底部有壁龛一个，平面呈长方形，拱券顶，砖封门。李贤墓甬道西壁开设有壁龛，用土坯沿边缘砌筑，深仅14厘米。

（五）甬道

甬道与最后一个天井和墓室南壁相连，多居于墓室南壁中央。拓跋虎墓和咸阳机场3、5、13号墓甬道位于墓室南壁偏西，王德衡墓则位置偏东。平面一般呈长方形，拱形顶土洞。叱罗协墓甬道平面略呈梯形。若干云墓甬道仍为斜坡底，只有武帝孝陵、李贤墓和田弘墓甬道地面铺有地砖，并与墓室地砖水平相连。甬道内封门一般为砖（或土坯）墙与木（或石）门双重封砌。用砖封门的有宇文猛墓、叱罗协墓和王德衡墓，其他墓用土坯封门。仅王德衡墓为石门，有门框、门额、门槛、门墩和门扇等。独孤藏墓木门保存较好，包括门框、门额、门槛、门墩和门扇，门上有锁。

（六）墓室

均为土洞墓，可分单室、双室和多室墓。

1.单室墓

有咸阳武帝孝陵、王德衡墓、尉迟运墓，固原李贤墓、宇文猛墓等。墓室平面近似方形。王德衡墓和尉迟运墓为横长方形。武帝孝陵较特殊，平面呈凸字形。横长方形的主室北壁带有梯形后龛，一般为直壁，只有李贤墓和王德衡墓与甬道相连的南壁稍向外弧。武帝孝陵和李贤墓铺有地砖，武帝孝陵靠东壁有0.56米间隔未铺地砖。宇文猛墓在墓室后部横砌长方形砖棺床，王德衡墓和尉迟运墓在墓室两侧有土质棺床，棺木置于棺床之上。

2.双室墓

有叱罗协墓、若干云墓和王士良墓，均为前后两室。主室呈方形，直壁，没有向外突出的弧线。顶部四壁渐内收，呈盝顶式。后室平面略呈梯形，平顶。叱罗协墓前、后室铺砖，两室相连处没有铺砖，后室为较硬的土质棺床。若干云墓在前室中央用五块条砖铺成凸字形，似为供桌，棺木置于后室之内。王士良墓在主室内放置两具棺木。

3.多室墓

除后室外，还有一个侧室，称为多室墓。独孤藏墓和田弘墓各有一个侧室，均位于东侧。此类墓主室平面仍为方形，侧室平面唯田弘墓呈曲尺形。独孤藏墓墓顶为保存较好的盝顶式，侧室为拱形顶，未铺地砖，地面保持在同一水平面上。田弘墓皆铺地砖，后室和侧室的地面高于主室，后室和侧室各有棺木一具。

咸阳和固原地区已知有确切纪年的北周墓葬有十一座（包括北周武帝孝陵）。葬于开皇三年（公元583年）的隋上将军王士良，本人行武为官的经历主要在北齐、北周时期。其夫人董氏则葬于北周建德四年（公元575年）。从随葬器物等方面观察，墓的开凿年代当在北周。按北周官制，除大都督独孤藏为右八命外，其余均为右（正）九命以上的柱国大将军、大将军、上柱国、骠骑大将军等高官显贵，埋葬时间集中在保定四年（公元564年）至大成元年（公元579年）这短短的十五年内，时间跨度相对较小，相互间墓葬形制的承袭关系并不十分明确。咸阳机场其他没有出土墓志的六座墓，墓葬规模相对较小，无封门，无壁龛，单室土洞，仍为多天井的墓葬形制。由此可以看出，这种多天井、多小龛的大型土洞墓是北周时期等级最高的墓葬形式，同时也表明，流行于隋唐时期的这种墓葬形式在北周已基本确立，但尚不规范。

首先，墓葬规模与墓主人身份等级不符。武帝孝陵的总长度为68米，而柱国大将军叱罗协墓全长达71米，咸阳机场14号墓总长度也有45米，远远超过了其他大型纪年墓的规模。

其次，是墓室大小和数量多寡不一。绝大多数墓葬墓室面积在3×3（米）以上，若干云墓主室面积只有2.2×2.2（米），而咸阳机场11号墓墓室面积为3×3（米）。墓葬结构不规范，高等级的土洞墓有单室、双室，也有三室。武帝孝陵使用单室墓，品级最低的独孤藏墓却使用三室墓。墓室数量不同，没有地域上的差异。固原李贤墓、宇文猛墓是单室墓，田弘墓则为三室。

再次，甬道在墓室南壁的位置相对居中，也有偏东或偏西现象。封门情况有差别，木门、石门、土坯封门、砖封门兼有之。武帝孝陵用木门、土坯封门，而王德衡墓却用石门和砖封门。

最后，天井制作形式和数量不一。每座墓天井平面大小、间距有差别，上下大小也不一致。天井数量以单数为多，个别为偶数，叱罗协墓天井数有六个之多。壁龛数量较少，位置不固定。

凡此，北周在形成这一时期墓葬特征的同时，除残存汉魏时期二室、三室墓的遗风外，仍出现诸多与礼制相违背的现象。即使有北周明帝宇文毓"丧事所须务从俭约，殓以时服"[10]，北周武帝宇文邕"丧事资用，须使俭而合礼，墓而不坟"[11]的遗诏，但王公大臣的墓葬规模超越帝陵规模，至少也说明汉魏以后被破坏的丧葬制度在北周时期还没有完全得以恢复。

二

北周墓从形制上看，在继承北魏土洞墓形制的基础上又有所发展，形成这一时期多天井的墓葬特征，并延续至隋，流行于初唐。

斜坡墓道带天井的土洞墓，在东汉初期已初见雏形。洛阳烧沟汉墓东汉初期 M114、东汉晚期 M147 都出现简陋的天井[12]，狭窄的墫道尚无实际意义。敦煌新店台西晋墓 M1[13]、佛爷庙湾十六国时期 M3 各有一个较大完整的天井和斜坡墓道[14]。洛阳北魏建义元年（公元 528 年）元邵墓发现一个天井[15]，已将墫道发展成斜坡墓道，坡度变缓，竖井相对缩小。洛阳北魏元昐墓则已是有斜坡墓道和两个天井的土洞墓[16]。固原新集乡北魏墓 M1、M2 都是两个天井的土洞墓。新集 M1 两个天井间过洞地面上置一粗糙的房屋模型，似为模拟的门楼，"已经是象征院落的比较完整的形式"[17]。其后的西魏墓葬目前发现的唯一一座纪年墓是咸阳胡家沟大统七年（公元 544 年）侯僧伽（侯义）墓[18]，陕西汉中崔家营墓也定为西魏时期[19]，但均为砖室墓。

同天井前后出现的壁龛形式最早发现于北朝早期。西安南郊草厂坡北朝早期墓在斜坡墓道两侧各开一个长方形壁龛[20]。固原彭阳新集乡北魏墓 M2 在第二天井东西两壁开口小里大呈梯形状的小龛[21]。北周时期壁龛逐渐增多，但比例仍占少数。保定五年（公元 565 年）宇文猛墓在第五天井西壁只开挖一个壁龛，李贤墓在甬道西壁掏挖，用土坯围砌一个未完成的壁龛。武帝孝陵在第四、五天井东西壁相对开挖四个壁龛，土坯封砌。叱罗协墓在第五、六天井东西壁有四个壁龛，平面呈方形、长方形或梯形，条砖封砌，已是较成熟的壁龛形式。

隋代大型天井土洞墓的形制与北周墓形制基本一致，也是天井墓发展和确立的时期，仍为等级最高的墓葬形式。除开皇六年（公元 586 年）的侯子钦墓为四室墓[22]，开皇十五年（公元 595 年）的段威墓为双室土洞墓外[23]，多为单室土洞墓。隋早期墓室东西宽大于南北长，平面多为扁方形，甬道在墓室南壁偏西或中部。天井最多的有五个。开皇二年（公元 582 年）李和墓是现知隋代最早的天井墓[24]。开皇二十年（公元 600 年）独孤罗墓有五个天井。天井形状仍沿袭北周，为南北向长、东西向窄的长方形。天井为上口比下口长、宽度相当的斗形，无小龛。隋晚期墓室南北长大于东西宽，东西两壁略不平行，平面多呈斜方形。甬道位置在墓室南壁开始东移。天井最多的是隋大业六年（公元 610 年）的姬威墓[25]，有七个天井，两个小龛。同为大业六年的史射勿墓只有两个天井，两个小龛[26]。天井形状已变为上下同长同宽的柱状。开挖小龛的墓增多，数量多为两个，但小龛的位置不固定。姬威墓的两龛位于天井两壁，而史射勿墓两龛则在过洞两壁。与前期相比发生较大变化的是石封门开始增多，并且出现了石棺床等石葬具。

唐初，天井土洞墓仍在流行，以土洞单室墓为主，偶见土洞双室墓。墓葬等级已明显下降。墓室略显规整，平面呈方形或略呈长方形，甬道位于墓室南壁偏东。天井数目不等，形状与隋后期相同，上下长宽一致。流行二小龛，多有砖棺床。武德元年（公元 618 年）贺若氏（厥）墓有七个天井[27]。调露二年（公元 680 年）徐王元礼姬罗观照墓有三个天井，单室后壁附棺室土洞[28]。武则天神功元年（公元 697 年）独孤思贞墓有五个天井，二小龛，砖封门[29]。盛唐开始，天井土洞墓规模逐渐缩小，墓室变小，天井数量减少。墓室平面大多呈不规则长方形，甬道在墓室南壁偏东或东侧。二小龛减少，流行四小龛，竖斜墓道增多。中唐以后，墓道继续缩短，以竖斜墓道和竖井墓道为主。墓室平面呈不规则方形，甬道在墓室南壁东侧，墓道东壁与甬道东壁连线几乎呈直线。无天井，墓道内小龛消失，移至甬道和墓室内，数量最终增加固定在十二个。出现有甬道无天井的铲形墓。

唐贞观四年（公元 630 年）李寿墓，为五个天井、两个小龛的单砖室墓[㉚]，是目前所知的唐代最早的多天井、多小龛的砖室墓。与前代相比较，多天井墓发生了较大的变化，即关中地区北周、隋时期流行的多天井形制，与关东地区北齐、隋流行的砖室墓相结合，出现了多天井、多小龛的砖室墓。

这种多天井、多小龛的单砖室墓和双砖室墓等级较高，特别是双砖室墓是唐时期等级最高的墓葬形制。单砖室墓墓室平面基本呈弧方形，穹隆顶，甬道位于墓室南壁偏东。天井、小龛数目不一，各在甬道或墓室开龛，砖封门。唐显庆二年（公元 657 年）张士贵夫妇合葬墓，是单砖室墓，有五个天井、四个小龛[㉛]，为昭陵陪葬墓之一。所发掘的十余座砖双室墓，规模较单砖室墓更为宏大。显庆三年（公元 658 年）尉迟敬德墓有四个天井、四个小龛[㉜]，龙朔三年（公元 663 年）郑仁泰墓有五个天井、十个小龛[㉝]，都陪葬昭陵。神龙二年（公元 706 年）懿德太子李重润墓[㉞]和永泰公主李仙蕙墓[㉟]有六个天井、八个小龛，均为"号墓为陵"[㊱]的唐乾陵陪葬墓。与多天井土洞墓一致，多天井砖室墓从中唐开始衰落，至晚唐基本消失。

综上所述，多天井、多小龛土洞墓从东汉晚期开始出现，魏晋南北朝逐步增多，北周已基本确立，到隋走向成熟，至盛唐达到鼎盛。此后逐渐减少，直至消亡。多天井、多小龛土洞墓的发展变化过程从另一个侧面也反映了同时期政治、经济兴盛以至衰落的发展轨迹。

① 宿白：《宁夏固原北周李贤墓札记》，《宁夏文物》1989 年总第 3 期。

② 同①。

③ 宁夏回族自治区博物馆：《宁夏固原北周李贤夫妇墓发掘简报》，《文物》1985 年第 11 期。

④ 负安志：《中国北周珍贵文物——北周墓葬发掘报告》，陕西人民美术出版社，1992 年。

⑤ 即叱罗协、王德衡、若干云、独孤藏、尉迟运和贺拔氏、王士良和董氏六座墓。

⑥ 同④。

⑦ 宁夏文物考古研究所：《固原北周宇文猛墓发掘简报》，《宁夏考古文集》，宁夏人民出版社，1994 年。

⑧ 陕西考古研究所、咸阳市考古研究所：《北周武帝孝陵发掘简报》，《考古与文物》1997 年第 2 期。

⑨ 雷润泽：《宁夏固原中日联合考古发掘获重大成果》，《中国文物报》1996 年 10 月 13 日第 1 版；报告待发。

⑩ 《周书·明帝纪》，中华书局标点本，引正史均以此版本。

⑪ 《周书·武帝纪》卷五。

⑫ 洛阳考古发掘队：《洛阳烧沟汉墓》，科学出版社，1959 年。

⑬ 敦煌文物研究所考古组：《敦煌晋墓》，《考古》1974 年第 3 期。

⑭ 甘肃敦煌县博物馆：《敦煌佛爷庙湾五凉时期墓葬发掘简报》，《文物》1983 年第 10 期。

⑮ 洛阳博物馆：《洛阳北魏元邵墓》，《考古》1973 年第 4 期。

⑯ 黄明兰：《西晋裴祗和北魏元暐两墓拾零》，《文物》1982 年第 11 期。

⑰ 宁夏固原博物馆:《彭阳新集北魏墓》,《文物》1988 年第 9 期。

⑱ 咸阳市文物管理委员会、咸阳博物馆:《咸阳市胡家沟西魏侯义墓清理简报》,《文物》1987 年第 12 期。

⑲ 汉中市博物馆:《汉中市崔家营西魏墓清理记》,《考古与文物》1981 年第 2 期。

⑳ 陕西省文物管理委员会:《西安南郊草厂坡北朝墓的发掘》,《考古》1959 年第 6 期。

㉑ 同⑰。

㉒ 同④。

㉓ 孙秉根:《西安隋唐墓葬的形制》,《中国考古学研究——夏鼐先生考古五十年纪念论文集》(二),科学出版社,1986 年,p.151~p.190。

㉔ 陕西省文物管理委员会:《陕西省三原县双盛村李和墓清理简报》,《文物》1966 年第 1 期。

㉕ 陕西省文物管理委员会:《西安郭家滩隋姬威墓清理简报》,《文物》1959 年第 8 期。

㉖ 宁夏文物考古研究所、宁夏固原博物馆:《宁夏固原史射勿墓发掘简报》,《文物》1992 年第 10 期。

㉗ 负安志:《陕西长安县南里王村与咸阳机场出土大量隋唐珍贵文物》,《考古与文物》1993 年第 6 期。

㉘ 吴春:《西安秦川机械厂唐墓清理简报》,《考古与文物》1994 年第 4 期。

㉙ 中国社会科学院考古研究所:《唐长安城郊隋唐墓》,文物出版社,1980 年。

㉚ 陕西省博物馆、陕西省文物管理委员会:《唐李寿墓发掘简报》,《文物》1974 年第 9 期。

㉛ 陕西省文物管理委员会、昭陵文物管理所:《陕西礼泉唐张士贵墓》,《考古》1978 年第 3 期。

㉜ 昭陵文物管理所:《唐尉迟敬德墓发掘简报》,《文物》1975 年第 5 期。

㉝ 陕西省博物馆、礼泉县文教局唐墓发掘组:《唐郑仁泰墓发掘简报》,《文物》1972 年第 7 期。

㉞ 陕西省博物馆、乾县文教局唐墓发掘组:《唐懿德太子墓发掘简报》,《文物》1972 年第 4 期。

㉟ 陕西省文物管理委员会:《唐永泰公主墓发掘简报》,《文物》1964 年第 1 期。

㊱ 《新唐书·三宗诸子·懿德太子重润传》卷八十一;《新唐书·诸帝公主·永泰公主传》卷八十三。

附表

墓主	官品	年代	结构	总长（米）	封门	墓室尺寸（米）	甬道位置	天井	壁龛 天井	壁龛 过洞	壁龛 甬道
拓跋虎	周使持节骠骑大将军开仪同三司大都督宁县开国公（右正九命）	保定四年（公元564年）	多天井单室土洞墓		土坯	2.62×4.56	墓室南壁偏西	3			
董氏王士良	隋使持节上柱国本州并州曹沧许郑五州刺史行台三总管广昌郡公	保定五年（公元565年）开皇三年（公元583年）	竖穴双室土洞墓	13	土坯	3.3×3.3（前）	前室南壁正中				
宇文猛	大将军大都督原盐灵交诸军事原州刺史	保定五年（公元565年）	多天井单室土洞墓	53	砖	3.5×3.6	墓室南壁正中	5	1		
李贤	大周使持节柱国大将军大都督原州刺史河西桃源公（右正九命）陇成陇灵河渭秦诸军事	天和四年（公元569年）	多天井单室土洞墓	48.2	木门 土坯	4×3.85	墓室南壁正中	3			1
叱罗协	大周使持节骠骑大将军开仪同三司大都督南阳郡开国公（九命）	建德三年（公元574年）	多天井双室土洞墓	71	木门 砖	3.8×3.8（前）	前室南壁正中	6	4		
田弘	大周少师柱国大将军雁门襄公（右正九命）	建德四年（公元575年）	多天井三室土洞墓	52	木门 砖	3.08×3.25（前）	前室南壁正中	5			
王德衡	周使持节仪同大将军新市县开国侯王使君（右〈正〉九命）	建德五年（公元576年）	多天井单室土洞墓		石门 砖	3.06×4.34	墓室南壁偏东	3			
宇文邕	北周武帝	宣政元年（公元578年）	多天井单室（后龛）土洞墓	68.4	木门 土坯	5.5×3.8	墓室南壁偏西	5	4		
若干云	骠骑大将军上开仪同大将军任城郡公（右〈正〉九命）	宣政元年（公元578年）	多天井双室土洞墓	28.2	土坯	2.2×2.2（前）	前室南壁正中	3			
独孤藏	大周大都督武平公金州刺史（右人命）	宣政元年（公元578年）	多天井三室土洞墓	29.9	木门 土坯	2.7×2.8（前）	前室南壁正中	3			
尉迟运 贺拔氏	大周使持节上柱国卢国公（右正九命）	大成元年（公元579年）开皇九年（公元589年）	多天井单室土洞墓	46.4	木门 土坯	3.4×3.7	墓室南壁正中	5			
咸阳机场3号墓			多天井单室土洞墓	22		2.62×2.82	墓室南壁偏西	3			
咸阳机场4号墓			多天井单室土洞墓	21		2.5×3	墓室南壁正中	3			
咸阳机场5号墓			单天井单室土洞墓	10.9		0.9×2.4	墓室南壁偏西	1			
咸阳机场6号墓			多天井单室土洞墓	45		2.5×3	墓室南壁正中	2			
咸阳机场11号墓			多天井单室土洞墓	31		3×3	墓室南壁正中	5			
咸阳机场13号墓			竖穴单室土洞墓	11.1		2×2.3	墓室南壁偏西				

西方系凸雕玻璃容器的系统与传播

谷一尚

在中国北朝隋唐出土遗物中发现了许多西方系统的文物，玻璃器、金银器、拜占庭（东罗马）金币、萨珊银币等为具有代表性的器物。本文所讨论的凸雕玻璃器是其中一种。1983 年宁夏固原出土了完整的碗形容器，1986 年陕西西安出土了完整的瓶形容器。在日本，1955 年福冈的冲之岛出土了碗形容器的残片。而在中国出土的器物可以通过同时出土的墓志判定埋藏年代，是考察当时东西贸易实态极为重要的资料。

本文将介绍中国、日本的出土遗例，讨论中国、日本出土资料的埋藏年代，并且归纳西方出土的资料，进行编年的尝试，同时还将在以上研究的基础上，考察凸雕玻璃容器的系统与传播问题[①]。

一 中国、日本出土资料概要

（一）宁夏固原出土的碗

1983 年 9 月至 12 月，宁夏回族自治区博物馆和固原县文物工作队对固原西郊乡深沟村的一座古墓进行了发掘。古墓早年已被盗掘，幸而盗掘之前墓室的一部分塌落，被崩土掩埋的部分免于被盗。这是一座夫妇合葬墓，从夫人的棺木与墓室墙壁的夹缝中出土了玻璃碗（图一）与银壶[②]。

出土凸雕玻璃碗一件[③]，由淡绿色透明的玻璃制成，口径 9.5 厘米，腹部最大径 9.8 厘米，深 6.8 厘米，高 8 厘米。碗体侧面上段配置八个、下段配置六个圆台形凸饰，底部中央雕成稍大的圆台形，兼作碗底。其工艺特征是使用烧吹技术制成比现存遗物更厚的器体，然后利用雕花的技术进行腹部、底部凸饰及口缘部的整形。

一起出土的玻璃制品中有直径 0.7~1.24 厘米的深青色玻璃珠一百一十八粒，最大径 0.4 厘米的深绿色玻璃珠一百一十九粒[④]。

（二）陕西西安东郊出土的瓶

1986 年 6 月 4 日，西安市长乐路 40 号的基建工地偶然发现一隋代舍利墓。墓室平面呈长方形，南北长。南端中央安放一尊面向北的菩萨像，菩萨面前安放一件米黄色的瓷瓶，高 14.8 厘米，瓶口上方置凸雕玻璃瓶[⑤]。

出土凸雕玻璃瓶一件[⑥]。淡绿色透明玻璃制，高 7 厘米，底径 3 厘米。肩部饰倒三角形凸饰四个，腹部饰圆形凸饰四个，底部中央配圆形凸饰一个，兼作瓶底。颈基部饰圆形凸饰一个，由此向上 1.1 厘米处，圆筒形的细瓶颈呈喇叭状敞开。颈部口径为 0.6 厘米，腹部呈球形。此类较厚的器物系运用吹烧技术制成，然后使用雕花技术进行颈基部、肩部、腹部、底部凸饰的制作及口缘部的整形。

伴出的玻璃制品有贴饰重层同心圆纹珠十粒（其中五粒绿地红同心圆纹，五粒黑地黄同心圆纹），高 2.7 厘米，底径 2.6 厘米的绿色平底尖顶棋子十三件，直径 0.9 厘米的深藏青色扁平圆形饰三件，深藏青色扁平水滴形饰一件⑦。

（三）日本福冈冲之岛出土碗的残片

1954 年至 1955 年，日本福冈县宗像大社复兴期成会对宗像郡大岛町冲之岛的 8 号遗址进行调查时，出土凸雕圆形碗残片两块（图二）。残片分别从遗址的不同位置出土，但是具有共同的结合

 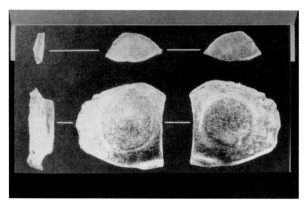

图一　固原北周墓出土玻璃碗　　　　　　　图二　日本冲之岛出土玻璃碗残片

面，可判定是属于同一容器。残片为淡绿色透明玻璃，厚 0.8 厘米（圆台形凸出部分厚 0.5 厘米，其他部分厚 0.3 厘米），凸出圆台部分直径 2.8 厘米⑧。

二　中国、日本出土资料的埋藏年代

（一）宁夏固原出土例

墓志两件，其一为李贤墓志，其二为李贤妻吴辉墓志。

李贤墓志为青石质，有盖。志盖方形，边长 67.5 厘米，厚 10.5 厘米，中央用阳文楷体刻出"大周柱国河西公墓铭"三行九字。墓志志石亦为方形，边长 67.5 厘米，厚 12 厘米。纵横三十一条细线将志面分割成若干方格，方格中阴刻楷书志铭八百七十四字。

吴辉墓志石质灰白，有盖。盖呈方形，边长 46 厘米，中部阳刻篆体"魏故李氏吴郡君之铭"，三行九字。墓志志石纵 45 厘米，宽 44 厘米，厚 11 厘米。纵横均用细线刻出二十个方格，格中阴刻楷体志铭三百二十三字⑨。

据墓志可知，墓主李贤是北周原州刺史，《周书》、《北史》有传，生于北魏景明四年（公元 503 年），北周天和四年（公元 569 年）三月二十五日卒于长安。其妻吴辉卒于西魏大统十三年（公元 547 年），天和四年五月二十一日合葬于原州。因而，随葬遗物的年代下限为公元 569 年。

（二）陕西西安东郊出土例

据出土墓志可考知，隋文帝开皇九年（公元 589 年）十月十一日，在大兴城兴宁坊清禅寺内埋

葬了舍利灰[⑩]。

(三) 日本福冈冲之岛出土例

1954 年至 1972 年，前述期成会在冲之岛先后进行了三次学术调查。据发掘报告称，遗迹集中在岛的中部，现已确认遗迹二十三处。几乎都是利用巨大岩石设置的祭祀遗迹。从公元四至十世纪，经历了岩上至岩阴至露天的变迁过程[⑪]。

冲之岛 8 号遗址属于岩阴遗迹，与两块凸雕玻璃容器残片一起出土的还有马具，金指环，铁质、滑石质的仿制品。遗迹、遗物的年代为公元六世纪后半叶左右，与上述中国出土例的年代大致相同。

三　西方出土例与编年

(一) 伊朗

已知伊朗出土过几件与中国宁夏固原、日本冲之岛发现的凸雕玻璃碗形态相同的遗物，但是，经科学发掘出土的资料几乎未见报道。

关于这些出土状况不明的资料，深井博士曾介绍过两件碗。即凸雕碗 A[⑫]（图三）。高 8 厘米，径 9.5 厘米，口缘厚 0.4 厘米。凸饰，上、下段各配置七个（下段为椭圆形凸饰），底部一个，计十五个。淡绿色玻璃制。碗 B[⑬]（图四）。残片，高 6.6 厘米，径 9.3 厘米，口缘部厚 0.5 厘米。复

图三　凸雕碗 A

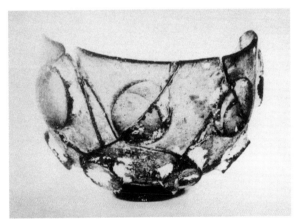

图四　凸雕碗 B

图五　冈山藏碗 C

图六　个人藏碗 D

图七　个人藏凸出碗 E

图八　克宁藏碗 F

图九　冈山藏杯 H

图一〇　高圈足杯 J

原凸饰上、下段各七个，底部一个，计十五个。淡绿色玻璃制。

此外，还有下列资料：

冈山藏碗 C[14]（图五）。高 7.6 厘米，径 9.3 厘米，口缘部厚 0.4 厘米。凸饰，上段七个，下段六个，底部一个，计十四个。淡绿色玻璃制。

个人藏碗 D[15]（图六）。高 6.8 厘米，径 8.5 厘米，凸饰，上段七个，下段六个，底部一个，计十四个。淡绿色玻璃制。

个人藏凸出碗 E[16]（图七）。高 8.8 厘米，径 10 厘米。凸饰，上段八个，下段六个，底部一个，计十五个。淡绿色玻璃制。

克宁（Corning）藏碗 F[17]（图八）。径 8.1 厘米。淡绿色玻璃制。

旧福娄基（Foroughi）藏碗 G。高 10.4 厘米，径 12:5 厘米。淡绿色玻璃制。

舟形杯两件。其中一件系冈山藏杯 H[18]（图九）。高 3.2 厘米，长 15.9 厘米，宽 7 厘米。凸饰，外侧十二个，内侧二个，底部一个，计十五个（均为纵或横的椭圆形凸饰）。淡绿色玻璃制。另一件是出光藏杯 I[19]。长 23.7 厘米。凸饰，外侧十四个，内侧六个，中间二个，底部一个，计二十三个。淡绿色玻璃制。

高圈足杯 J[20]（图一〇）。高 13 厘米，径 14.2 厘米，口缘厚 0.3 厘米，杯底厚 1.3 厘米，圈足高 5.8 厘米。杯体侧面饰纵长的椭圆形凸饰八个。淡褐色玻璃制。

细颈凸雕玻璃瓶 K[21]。外形与西安东郊出土瓶相同（图一一）。高 7.2 厘米，径 5.5 厘米。淡绿

图一一　细颈凸雕玻璃瓶 K

色玻璃制。

十分遗憾的是这些资料出土状况不明，靠其自身无法编年。

（二）其他出土例

与中国宁夏、日本冲之岛出土资料的器形虽然不同，但是器物表面同样雕出圆形、椭圆形、水滴形凸饰的遗物，在斯洛伐克的维苏佳·普瑞·莫拉维（Vysoka Pri Morave）、德国的科隆（Köln）、波兰的匹堡尼茨（Piboniti）、前苏联的德涅伯河（Dnepr）流域的玛拉艾修特（Mraeshut）B 号古墓、丹麦沃尔宁（Vorning）和达尼（Dani）及挪威的特乌（Tu）等地均有出土例证，器形为圆锥形容器。其中出土状况比较明确，可以作为编年资料使用的有维苏佳·普瑞·莫拉维、科隆、玛拉艾修特 B 号古墓、沃尔宁、达尼、匹堡尼茨等例。

1. 维苏佳·普瑞·莫拉维

斯洛伐克西南的卜拉奇斯拉巴（Bratislava）近郊多瑙河沿岸随葬品丰富的单独墓葬中，与青铜

图一二　圆锥形玻璃容器

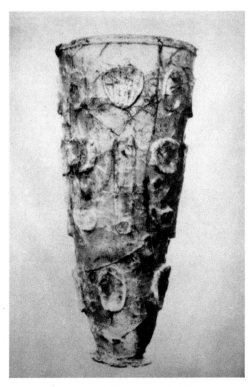

图一三　椭圆形凸饰玻璃杯

容器、金银装饰品一起出土了底部带低脚台的圆锥形容器（图一二）。其为淡绿色透明玻璃制，高17.6厘米，外形完整。侧面以凸雕技法刻出的斜旋带状纹饰之间，装饰有方向性的凸雕水滴纹[22]。口缘部也是用雕花技法加工。该地区相当于公元10年成立的罗马属州番诺尼亚的一部分。根据出土遗物形制判断，墓葬年代当为公元三世纪前后。

2. 科隆

位于德国诺尔特莱茵威斯特法仑州（Nordrhein Westfalen）莱茵河左岸的科隆，也在卢库森布鲁谷（Luxemburger）道路的墓葬中出土了雕有纵长或横长的椭圆形凸饰的杯子[23]（图一三），高17厘米；从波恩（Bonn）道路的墓葬出土了饰有一重或二重水滴形凸饰的安弗拉壶[24]（图一四），高13.3厘米。墓葬的年代应该是公元三世纪。

公元前38年，科隆与逐渐强大起来的自由格尔马尼亚（Germania）关系紧张，罗马将军阿谷利帕（Agrippa）在这个乌比（Ubby）家族的渔村设置了军团宿营地。附属于营地的城市设施也于公元12年在莱茵河左岸的低矮丘端建成。科隆的街市南北呈弧状展开，罗马的道路由城市中心呈放射状伸出，连接嘎利亚（Galia）的主要城市（如卢库森布鲁谷道路与西北的特利艾尔连接）。沿着这些罗马道路高2~6米的瓦砾堤坝绵亘不断，罗马坟墓群散在其间。罗马墓地一般沿城外道路营建。1840年，科隆的市街向城外扩建的时候，发掘了大批墓葬，许多玻璃器作为随葬品出土。科隆至公元三世纪初流行火葬墓，基督教普及以后，实行土葬。这是编年的一个基准[25]。

3. 玛拉艾修特B号古墓

黑海北岸与北欧之间的德涅伯河（Dnepr）中游流域，普尔特河（Purt）上游分布着玛拉艾修特古墓群。在已发掘的三十九座墓葬中，有土葬墓二十九座，火葬墓十座。

雕出椭圆形凸饰的圆锥形玻璃容器从B号墓出土。B号墓是土葬墓，遗体头向西北，仰身葬。墓圹底部铺粘土层，头部附近置灰陶壶两件，其中一件高21厘米。胎土精细的带足深钵中放置了一件带把壶形陶器与一件圆锥形玻璃器。

这是一件淡绿色透明玻璃器皿，高10.7厘米，口径8.9厘米，口缘部厚0.3厘米，器厚0.4厘米，底径3.8厘米，容量250毫升。口缘内部以雕花技法加工出30度角。被宽0.5厘米的平行阴

图一四　安弗拉壶

图一五　圆锥形玻璃容器

线夹着的上腹部纹饰带上用希腊语刻出"ZHCAC AEI⑪HIE（永恒之美）"的凸雕铭文，文字长1.6厘米，厚0.15厘米。铭文下面有垂直的凸雕短线纹带。器腹下部配置纵4.5厘米、横3.8厘米的椭圆形凸饰四个，周围刻出环状沟。各椭圆形凸饰的上部雕出径0.4厘米的圆形凸饰。器足是一个直径3.8厘米的圆形凸饰㉖（图一五）。

与玛拉艾修特B号古墓并存的住居址没发现城寨，陶器使用了轮制技法，并伴出罗马系遗物。该地域森林草原呈带状分布。从这些迹象分析，应属于查尔尼克沃文化（Chernyakho）。根据伴出的罗马货币及其他遗物，该文化在公元二世纪前后取代了扎尔宾茨文化（Zarubintsi）。其年代下限为公元五至六世纪㉗。

4. 沃尔宁、达尼、特乌等例

北欧的丹麦纽蓝德半岛（Jyland）的沃尔宁、达尼，挪威娄格兰德（Rogaland）县特乌等墓葬也出土了与玛拉艾修特B号古墓形制大致相同的椭圆形凸饰雕花玻璃杯。北欧十九世纪末的出土例，几乎都没有关于出土状况的详细报告㉘。伴出的货币年代可早到康斯坦丁（Constantine）一世（公元324~337年）、康斯坦（Constans）（公元337~350年）时期，可据此推测上述椭圆凸饰雕花玻璃杯年代上限为公元四世纪后半期。

5. 匹堡尼茨

匹堡尼茨位于波兰中部波兹纳尼（Poznan）县瓦尔塔河（Warta）左岸支流波罗斯纳河（Prosna）畔城镇喀里斯（Kalisz）的近郊。1952年发掘时，从公元四至五世纪的罗马时代后期住居址出土了与玛拉艾修特B号古墓及北欧诸遗迹形制相同的椭圆形凸饰雕花玻璃杯㉙。

顺便指出，该地域位于大波尔斯卡（Wielkopolska）平原东南部，北边是经巴尔逊克海（Baltic）通向北欧的低地，南面有经波罗斯纳（Prosna）、欧德尔（Oder）谷地从蒙拉维亚（Moravia）通向南欧的多瑙河水系，古来即为欧洲的南北要冲，当时重要的远程贸易商品琥珀流通的遗迹也保存了下来。

以上资料，从前苏联的德涅伯河（Dnepr）流域，向东欧、北欧分布。可以推断刻有铭文的椭圆形凸饰雕花杯的年代为公元四世纪后半期至五世纪。斯洛伐克的维苏佳·普瑞·蒙拉维以及科隆的卢库森布鲁谷（Luxemburger）道路、波恩道路出土的凸雕杯、壶，年代约为公元三世纪，作为先行的技术形态引人注目。

四 凸雕碗的系统与传播

如前所述，可以确认凸雕玻璃容器初见于维苏佳·普瑞·蒙拉维以及科隆的公元三世纪遗迹中。公元一世纪的罗马玻璃器的标准遗址意大利的庞培（Pompeii）㉚（年代下限为公元79年）、瑞士的维茵都尼萨（Vindonissa）㉛，出土圆形、椭圆形雕花玻璃。公元二至五世纪罗马玻璃的标准遗迹埃及的卡拉尼斯（Karanisi）㉜、年代下限为公元256年的叙利亚的都拉艾乌娄泼斯（Dura Europos）㉝出土圆形、椭圆形以及二重圆形的雕花玻璃。但是，这些标准遗迹中均未出土圆形凸饰雕花玻璃，只能推测其属于另外的系统。年代可定为公元一世纪后半期的玻璃窑址，在科隆地区经过发掘的是埃格尔斯坦因（Eigelstein）遗址㉞。可以认为该时期以降，这一带已独自进行玻璃生产，也许能够在该地探求凸雕玻璃器的直接源流。

作为公元三世纪制品的延续，公元四至五世纪，刻有铭文的椭圆形凸饰雕花玻璃杯也登场了，从前苏联境内至东欧、北欧均有分布。这种玻璃器应属于北方系的罗马玻璃范畴，可视为日本冲之岛、中国宁夏固原、伊朗等地出土的萨珊系公元六世纪的圆形凸饰雕花玻璃工艺技术的源流[35]。

据《魏书·地形志》记，中国出土圆形凸饰雕花玻璃器的宁夏固原，北魏太延二年（公元 436 年）置高平镇，正光五年（公元 524 年）改原州，是北魏西部的一个重镇[36]。西魏、北周以关陇为根据地，固原地位更为重要。这里出土的玻璃碗、鎏金银器、青金石镶嵌指环均为西方系文物[37]，是了解当时东西贸易路线以及实态的重要出土实例[38]。

遗憾的是伊朗、伊拉克的科学发掘资料现在还几乎未见报告，更加严密的论证有待于新资料的出现[39]。

（本文由苏哲译）

---

① 研究这类问题的论文以深井晋司《冲の岛出土瑠璃碗断片考》为最早，参见《東京大學東洋文化研究所紀要》第 27 册，1962 年，p.47～p.66（《浮出切子装饰瑠璃碗》と改稿して《ペルシア古美術研究》第 1 卷，吉川弘文館，東京，1968 年）。其后，有水常雄、棚橋淳二《東洋のガラス》（三彩社，東京，1977 年，p.81～p.84），谷一尚《中國寧夏出土の浮出円形切子かラス碗》（《深井晉士博士追悼シルワロード美術論集》，吉川弘文館，東京，1987 年，p.137～p.152），安家瑶《北周李贤墓出土的玻璃碗》（《考古》1986 年第 2 期，北京，p.173～p.181），齐东方、张静《中國出土の波斯薩珊凸出円紋切子装飾玻璃器》（《創大アジア研究》第 16 號，創価大學アジア研究所，東京，1995，p.53～p.61）等论文相继发表。

② 韩兆民：《宁夏固原北周李贤夫妇墓发掘简报》，《文物》1985 年第 11 期，p.1～p.20。

③ 同②，p.14，图 26，图版 3：1。

④ 同②，p.4～p.16，图 7～45，原色图版、图版 3。

⑤ 郑洪春：《西安东郊隋舍利墓清理简报》，《考古与文物》1988 年第 1 期，p.61。

⑥ 同⑤，p.62，图 2：2。

⑦ 同⑤，p.62，图 3：10，图版 2：1，图 3：11 中、下。

⑧ 宗像神社復興期成會：《冲の島》，吉川弘文館，東京，1958，p.221～p.223，图版 69：3。

⑨ 同②，p.14～p.20，图 46～49。

⑩ 同⑤，p.65。

⑪ 弓場紀知：《冲の島》，《世界考古學事典》解説，平凡社，東京，1979，p.157～p.158。

⑫ 深井晉司：《冲の島出土瑠璃碗断片考》，《東京大學東洋文化研究所紀要》第 27 册，1962 年，p.53～p.55，原色图版Ⅱ，图版 19～20，插图 25，（《浮出切子装飾瑠璃碗》ヒ改稿して《ペルシア古美術研究》第 1 卷，吉川弘文館，東京，1968 年）。

⑬ 同⑫，p.55～p.57，图版 21～22，插图 26。

⑭ 岡山市立オリエント美術館：《岡山市立オリエント美術館図録》，岡山，1979 年，图版 211。

⑮ 東京國立博物館：《東洋古代ガラス》，東京，1980 年，p.22，图版 52，p.137。

⑯ 同⑮，p.22，图版 50，p.136～p.137。

⑰ Charleston，R. J. Masterpieces of Glass. Corning, N. Y. 1980, pp. 66～67, pl. 25.

⑱ Constable‐Maxwell, A. The Constable‐Maxwell Collection of Ancient Glass, London, 1979, pp. 188～189, pl. 3.

⑲ 同⑮，p.51，图版 201，p.155。

⑳ 同⑫，p.57～p.59，图版 23～24，插图 27。

㉑ 町田市立博物館：《オリエントのガラス》，東京，1990 年。

㉒ Klaskovska, L. "Roman Glass Vessels from Slavakia", Journal of Glass Studies, Vol. 23, Corning, N. 1981, pp. 11～14, figs. 1, 4:1.

㉓ Doppelfeld, O. <u>Romisches und Frankisches Glas in Koln</u>, （Schriftenreihe der Archaologisch en Gesellschaft Koln, Nr. 13）, Koln, 1966, S. 62, Taf. 144.

㉔ ibid, S. 62, Taf. 145.

㉕ Kisa, A. <u>Das Glas im Altertume</u>, 3 Vols., Leipzig, （Rep. in Rome, 1968）, 1908, S. 228ff.

㉖ Федоров, Г. Б. "Малаештский Могилъник", <u>Материалыи Исследования по Археологии СССР</u>, No. 82, Москва, 1960, стр. 260～262, 287, Рис. 11.

㉗ 丸山次雄：《ガラス古代史ノート》，雄山閣，東京，1973 年，p.140～p.142。

㉘ Ekholm, G. "Scandinavian Glass Vessels of Oriental Origin from the First to the Sixth Century", <u>Journal of Glass Studies</u>, 1963, Vol. 5, Corning, N. Y. pp.29～37, figs. 23, 26.

㉙ 同㉖, стр.261～262.

㉚ Ekholm, G. "Orientalische Glasgefasse in Skandinavien", <u>Eurasia Septentrionals Antiqua, Bulletin et Memoires</u>, 1936, Vol. X, Helsinki. S. 62, Abb. 1.

㉛ Berger, L. <u>Romische Glaser aus Vindonissa</u>, （Veroffentlichungen der Gesellschaft pro Vindonissa, IV）, 1960, Basel. S. 71, Taf. 10：167, 19：59.

㉜ Harden, D. B. 1936, pp. 149～150, pl. IV：409; p. 260, pl. XX：774.

㉝ Clairmont, C. W. 1963, pp. 56～86, pls. VII：240～249, VIII：307～309, X：237～255, XXVI：261～272.

㉞ 同㉓, SS. 11～16.

㉟ 谷一尚：《正倉院白瑠璃碗の源流》，《岡山市立オリエンレ美術館研究紀要》第 5 卷，岡山，1986 年，p.35～p.46。

㊱ 《魏书》卷一百零六《地形志》，中华书局，p.2622。

㊲ 同②，p.12、p.19。

㊳ 马尔萨克认为李贤墓出土银器是模仿罗马银器，巴克托利亚制。见 B. I. マルシヤーヶ、穴沢和光：《北周李賢夫妻墓とその銀製水瓶について》，《古代文化》第 41 卷第 4 號，京都，1989 年，p.54。

㊴ 关于正仓院的雕花玻璃碗，可根据各国学术发掘增加的新资料进行更加严密的论证。参见谷一尚：《中國咸陽出土の正倉院型切子ガラス碗》，《古代文化》第 48 卷第 8 號，京都，1996，p.25～p.28。关于罗马帝国初期的玻璃容器贸易流通与分布出土状况，参见谷一尚：《樓蘭出土の初期切子ガラス盃》，《日本オリエンレト學會創立 35 周年記念オリエント學論集》，刀水書房，東京，1990 年，p.315～p.333；《ガラスの比較文化史》，杉山書店，東京，1993 年，p.83～p.98。

图　版

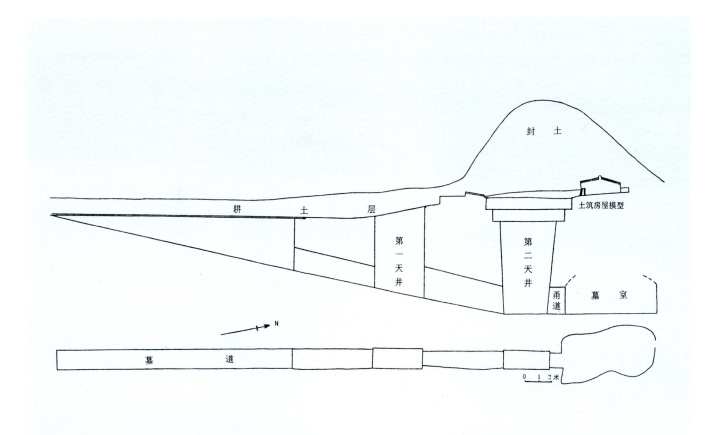

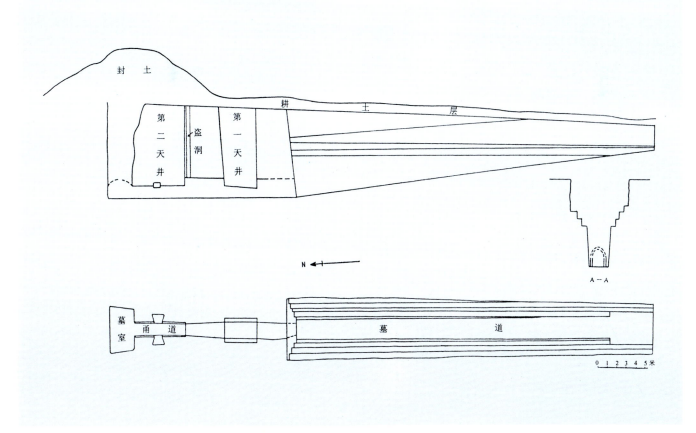

1. 彭阳新集乡石洼村北魏墓平、剖面图

Plan & sectional drawing of tombs No. 1 & No. 2 of Northern Wei at XinjiXiang，Pengyang

2. 陶鼓　北魏（公元 420～534 年）
   Pottery drum（420～534 AD）

3. 陶仓　北魏（公元 420 ～ 534 年）
Pottery barn（420 ～ 534 AD）

4. 陶磨、陶井　北魏（公元 420 ～ 534 年）
Pottery mill and well（420 ～ 534 AD）

5. 陶鸡　北魏（公元 420 ~ 534 年）
Pottery chickens（420 ~ 534 AD）

6. 陶狗　北魏（公元 420 ~ 534 年）
Pottery dog（420 ~ 534 AD）

7. 陶牛、陶车、驭者　北魏（公元 420～534 年）
Pottery ox, cart, and courier（420～534 AD）

8. 武士俑　北魏（公元 420～534 年）
Warriors（420～534AD）

9. 甲骑具装俑　北魏（公元 420～534 年）

Warrior in a suit of armour and a horse（420～534 AD）

11. 吹角俑　北魏（公元 420～534 年）
Figurine blowing a horn（420～534 AD）

10. 文吏俑　北魏（公元 420～534 年）
Official figurine（420～534 AD）

12. 持鼓俑　北魏（公元 420 ~ 534 年）

　　Figurine holding a drum（420 ~ 534 AD）

13. 风帽俑　北魏（公元 420～534 年）
Figurines in a hood（420～534 AD）

14. 女侍俑　北魏（公元 420～534 年）
　　Maids figurine（420～534 AD）

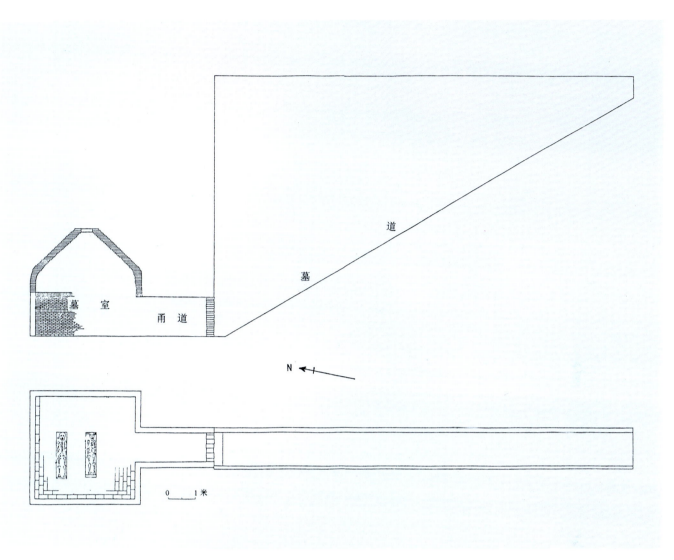

墓 道

墓 室

甬 道

N

0 1 米

15. 固原东郊乡雷祖庙村北魏墓平、剖面图

Plan & sectional drawing of Northern Wei tomb at Leizumiao Village，Dongjiaoxiang，Guyuan

17. 漆棺前挡漆画　北魏太和年间（公元 477～499 年）
Lacquer paintnig on front coffin board （477～499 AD）

16. 漆棺盖板漆画　北魏太和年间（公元 477～499 年）
Lacquer painting on coffin cover （477～499 AD）

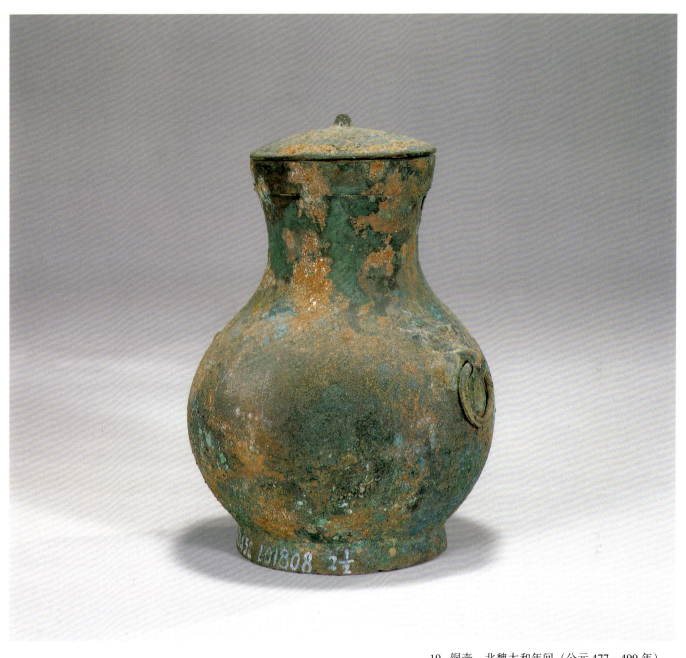

19. 铜壶　北魏太和年间（公元 477～499 年）
Bronze pot（477～499 AD）

18. 漆棺侧板漆画（局部）　北魏太和年间（公元 477～499 年）
Lacquer painting on side coffin board（part，477～499 AD）

20. 铜钫　北魏太和年间（公元 477～499 年）
Bronze *fang*-container（477～499 AD）

21. 铜灶　北魏太和年间（公元 477～499 年）
Bronze kitchen range（477～499 AD）

22. 铜镳斗　北魏太和年间（公元 477～499 年）
Bronze *jiandou*-pot（477～499 AD）

23. 铜镳斗　北魏太和年间（公元 477～499 年）
Bronze *jiaodou*-pot（477～499 AD）

24. 透雕铜铺首　北魏太和年间（公元 477～499 年）
Openwork bronze door-knocker （477～499 AD）

25. 透雕铜牌　北魏太和年间（公元 477～499 年）
Openwork bronze board （477～499 AD）

26. 银耳杯　北魏太和年间（公元 477～499 年）
Silver cup with ears（477～499 AD）

27. 波斯银币　北魏太和年间(公元 477～499 年)
Persian silver coin （477～499 AD）

28. 金耳环　北魏（公元 420～534 年）
Golden earrings（420～534 AD）

29. 金耳环　北魏（公元 420～534 年）
Golden earrings（420～534 AD）

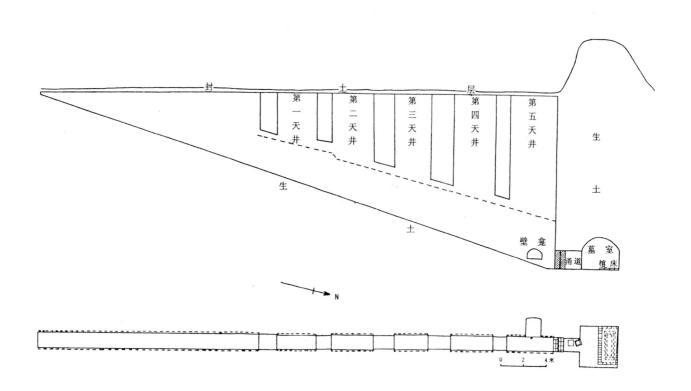

封　　　　　　　　　　土　　　　　　　　　　层

第一天井　第二天井　第三天井　第四天井　第五天井

生

土

生

土

壁龛

墓室
甬道 棺床

N

0 2 4 米

30. 固原南郊乡王涝坝村宇文猛墓平、剖面图

　　Plan & sectional drawing of Yu Wenmeng's tomb at Wanglaoba Village，Nanjiaoxiang，Guyuan

33. 执盾武士俑　北周保定五年（公元 565 年）
Warrior holding a shield（565 AD）

32. 甲骑具装俑　北周保定五年（公元 565 年）
Warrior in a suit of armour and a horse（565 AD）

34. 文吏俑　北周保定五年(公元 565 年)
Official figurine（565 AD）

35. 笼冠俑　北周保定五年（公元 565 年）
Figurine in a chest-shaped cap（565 AD）

36. 执箕俑　北周保定五年（公元 565 年）

Figurine holding a dust pan（565 AD）

37. 吹奏骑俑　北周保定五年(公元 565 年）
　　Figurine blowing instrument on horseback（565 AD）

38. 吹奏骑俑　北周保定五年（公元 565 年）
　　Figurine blowing instrument on horseback（565 AD）

39. 镇墓兽　北周保定五年（公元565年）

Tomb guardian beast（565 AD）

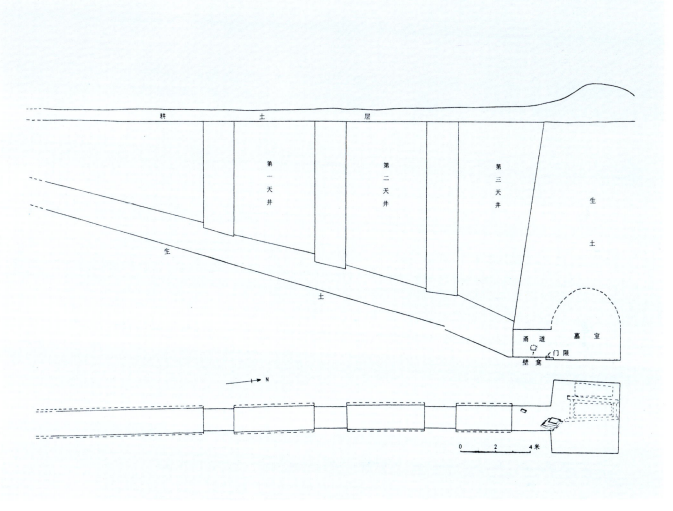

耕　土　层

第一天井　第二天井　第三天井

生土

生

土

甬道　墓室

门限

壁龛

N

0　2　4米

40. 固原西郊乡深沟村李贤夫妇合葬墓平、剖面图

Plan & sectional drawing of joint burial tomb of the couple of Li Xian at Shengou Village，Xijiaoxiang，Guyuan

41. 门楼图　北周天和四年（公元 569 年）
Picture of gate tower（569 AD）

42. 门楼图　北周天和四年（公元 569 年）
Picture of gate tower（569 AD）

43. 武士图　北周天和四年（公元 569 年）
Picture of warrior （569 AD）

44. 武士图　北周天和四年（公元 569 年）
Picture of warrior（569 AD）

45. 武士图　北周天和四年（公元 569 年）
Picture of warrior（569 AD）

46. 武士图　北周天和四年（公元 569 年）
Picture of warrior（569 AD）

47. 武士图　北周天和四年（公元 569 年）
Picture of warrior（569 AD）

48. 武士图　北周天和四年（公元 569 年）
Picture of warrior（569 AD）

49. 侍从伎乐图　北周天和四年（公元 569 年）
Attendants playing instruments（569 AD）

50. 侍从伎乐图　北周天和四年（公元569年）
Attendants playing instruments（569 AD）

51. 侍女图（局部） 北周天和四年（公元 569 年）
Picture of maid（part, 569 AD）

52. 李贤墓志盖(拓本)　北周天和四年(公元 569 年)

Epitaph on tomb of Li Xian (569 AD)

53. 李贤墓志（拓本） 北周天和四年（公元569年）

Epitaph on tomb of Li Xian（569 AD）

54. 吴辉墓志盖(拓本)　北周天和四年(公元569年)
Epitaph on tomb of Wu Hui（569 AD）

55. 吴辉墓志(拓本)　北周天和四年(公元 569 年)
Epitaph on tomb of Wu Hui（569 AD）

魏使持節假鎮北將軍恩廣將軍大都督散騎常侍吳

京州刺史汪封縣開國公李賢和妻故長城郡君吳氏墓誌銘

郡君諱輝高平人祖興宗父洪顯其先勃海世

豪望瞻祉教相承襲郷閭居顯禰郡君資性孝伯云

静立身笄季言歸於茂族夫氏積善所鍾福祿修文鳳以

醫始自幼年順少習女功切長女娥四行既充六禮云

州以勳懿望昂盈門繁衍出刺史子姪昌一時守涇易姑风以

武河甫列位陶居長姻内正所歸警誡相成動遵典礼

迺不遠恭奉身居長婦內八斯禮人無聞焉万咸曰

敬之邁以終九十之盛僕命与善無徵論芳咸日

万石世由以大歲十二歲歲次丁卯九月乙未朔世

春日庚世治州朝遷以夫門功顯夫人行備

六日長城郡君邸以其季十二月廿一日窆於高平

追贈草挺東宮說馬泉貴貴妻馮氏

即遠次子孝譚次子存軋次子永隂

56. 陶灶　北周天和四年(公元 569 年)
   Pottery kitchen range（569 AD）

57. 陶碓　北周天和四年(公元 569 年)
   Pottery mortar（569 AD）

58. 陶鸡舍　北周天和四年（公元 569 年）

Pottery roosts（569 AD）

59. 陶马、驮驴　北周天和四年（公元 569 年）

Pottery horse and donkey（569 AD）

60. 陶骆驼　北周天和四年（公元 569 年）
　　Pottery camel（569 AD）

61. 镇墓武士俑　北周天和四年（公元 569 年）
Tomb guardian warriors（569 AD）

62. 甲骑具装俑　北周天和四年(公元 569 年）
Warrior in a suit of armour and a horse（569 AD）

63. 甲骑具装俑　北周天和四年(公元 569 年)
Warrior in a suit of armour and a horse（569 AD）

64. 甲骑具装俑　北周天和四年(公元 569 年)
Warrior in a suit of armour and a horse（569 AD）

65. 武官俑 北周天和四年（公元 569 年）
Military officer figurines（569 AD）

66. 文吏俑　北周天和四年（公元569年）
Official figurines（569 AD）

67. 笼冠俑　北周天和四年（公元569年）
Figurines in a chest-shaped cap（569 AD）

68. 风帽俑　北周天和四年（公元 569 年）
Figurines in a hood（569 AD）

69. 侍女俑　北周天和四年（公元 569 年）

Maid figurine（569 AD）

70. 胡俑　北周天和四年（公元 569 年）
Figurines of Hu people（569 AD）

71. 骑马俑　北周天和四年（公元 569 年）
Figurine on horseback（569 AD）

74. 镇墓兽　北周天和四年（公元 569 年）
Tomb guardian beast（569 AD）

72. 吹奏骑俑　北周天和四年（公元 569 年）
Figurine blowing instrument on horseback（569 AD）

73. 吹奏骑俑　北周天和四年（公元 569 年）
Figurine blowing instrument on horseback（569 AD）

75. 鎏金银壶　北周天和四年（公元 569 年）
Gilt silver pot（569 AD）

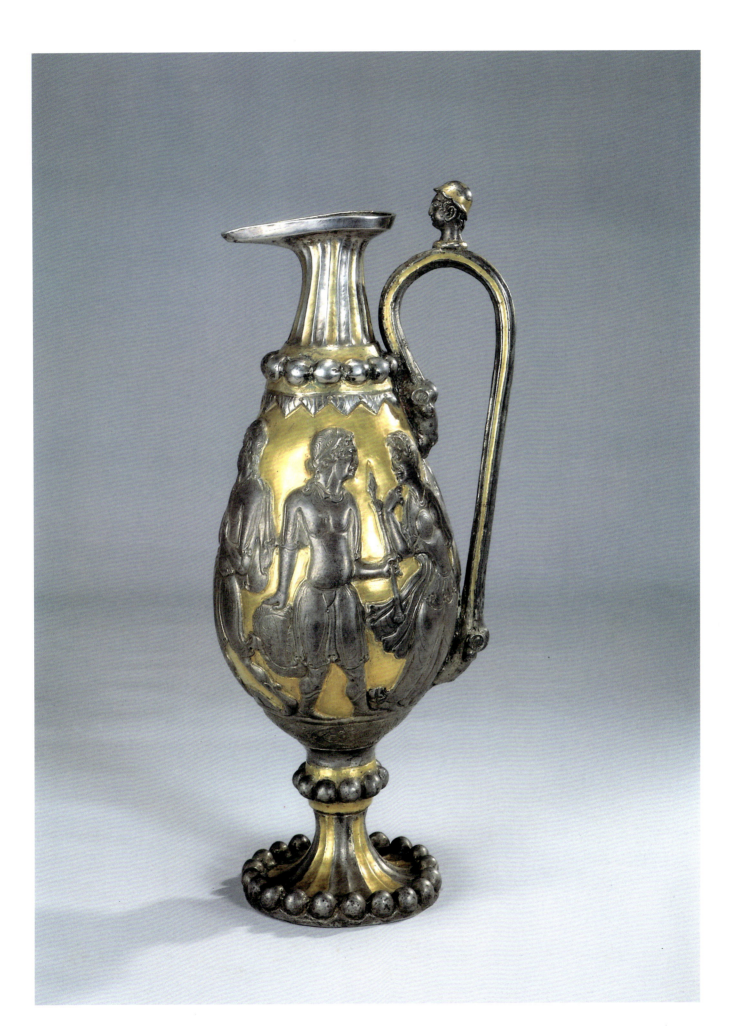

76. 金戒指　北周天和四年（公元 569 年）
Golden ring（569 AD）

77. 铁刀　北周天和四年（公元 569 年）
Iron knife（569 AD）

78. 玻璃碗　北周天和四年（公元 569 年）
Glass bowl（569 AD）

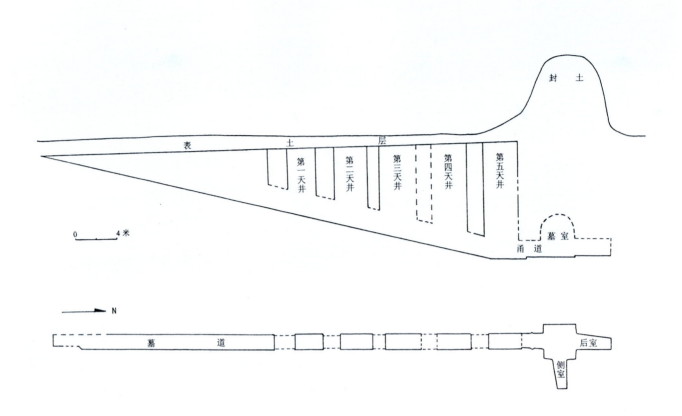

封　土

表　　　土　　　层

第一天井　第二天井　第三天井　第四天井　第五天井

墓室

甬道

0　　4米

N

墓　　道　　　　　　　　　　　　　后室

侧室

79. 固原西郊乡大堡村田弘夫妇合葬墓平、剖面图

Plan & sectional drawing of joint burial tomb of the couple of　Tian Hong at Dabao Village，Xijiaoxiang，Guyuan

80. 侍卫图　北周建德四年(公元 575 年)

Picture of guard（575 AD）

81. 侍卫图（局部） 北周建德四年（公元 575 年）
Picture of guard（part，575 AD）

82. 金币　北周建德四年（公元 575 年）
Golden coin（575 AD）

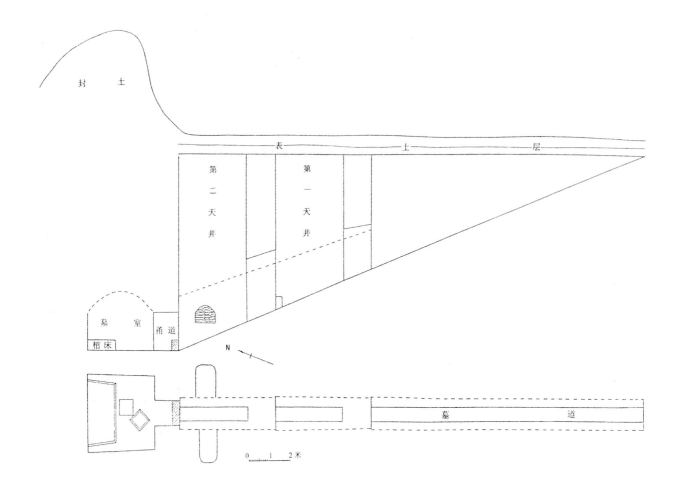

封 土

表 上 层

第二天井

第一天井

墓室

甬道

棺床

N

0 1 2 米

83. 固原南郊乡小马庄村史射勿墓平、剖面图

Plan & sectional drawing of Shi Shewu's tomb at Xiaomazhuang Village，Nanjiaoxiang，Guyuan

84. 执刀武士图　隋大业五年（公元 609 年）

Picture of warrior holding a sword（609 AD）

85. 执刀武士图　隋大业五年（公元 609 年）

Picture of warrior holding a sword（609 AD）

86. 执笏武士图　隋大业五年（公元 609 年）

Picture of warrior holding a *hu*-board（609 AD）

87. 执笏武士图　隋大业五年（公元 609 年）

Picture of warrior holding a *hu*-board（609 AD）

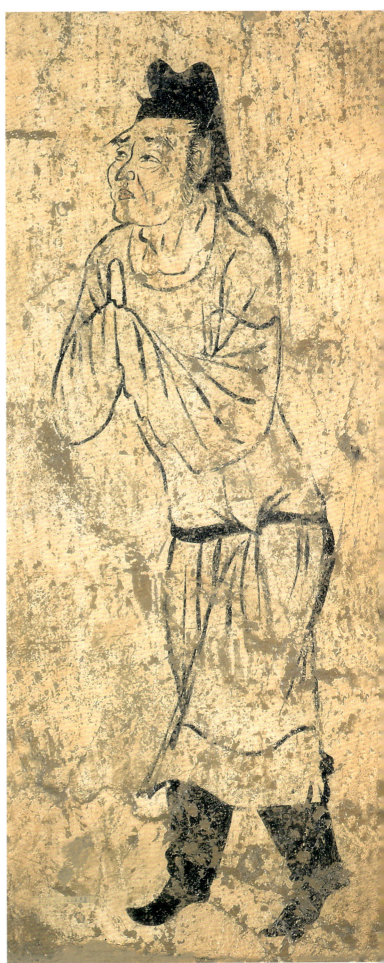

88. 执笏侍从图 隋大业五年（公元 609 年）
   Picture of attendant holding a *hu*-board（609 AD）

89. 执笏侍从图 隋大业五年（公元 609 年）
   Picture of attendant holding a *hu*-board（609 AD）

90. 侍女图 隋大业五年（公元609 年）
   Picture of maids（609 AD）

91. 史射勿墓志盖（拓本） 隋大业五年（公元 609 年）

Epitaph on tomb of Shi Shewu（609 AD）

史府君墓誌銘拓本

92. 史射勿墓志（拓本）　隋大业五年（公元 609 年）
Epitaph on tomb of Shi Shewu（609 AD）

93. 白瓷钵　隋大业五年（公元 609 年）
White porcelain pot（609 AD）

94. 鎏金桃形花饰　隋大业五年（公元 609 年）
Gilt peach-shaped ornament （609 AD）

95. 镶玻璃条形铜饰　隋大业五年（公元 609 年）
Bronze bar-shaped ornament inlaid with glass （609 AD）

96. 萨珊银币　隋大业五年（公元 609 年）
Sasanian silver coin （609 AD）

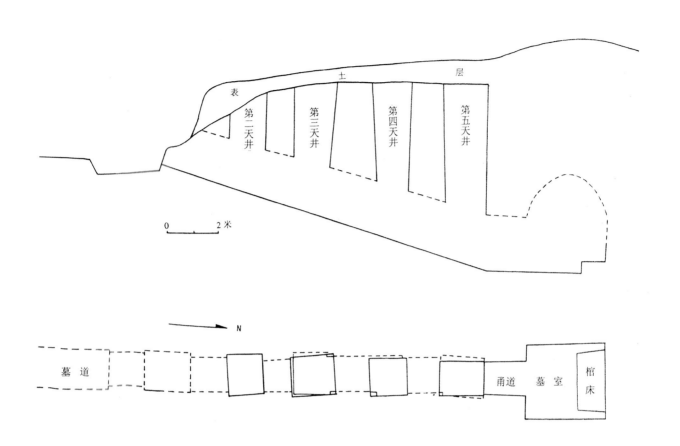

表　　土　　层

第二天井　第三天井　第四天井　第五天井

0　　2 米

N

墓道　　甬道　墓室　棺床

97. 固原南郊乡小马庄村史道洛夫妇合葬墓平、剖面图
　　Plan & sectional drawing of joint burial tomb of the couple of Shi Daoluo at Xiaomazhuang Village，Nanjiaoxiang，Guyuan

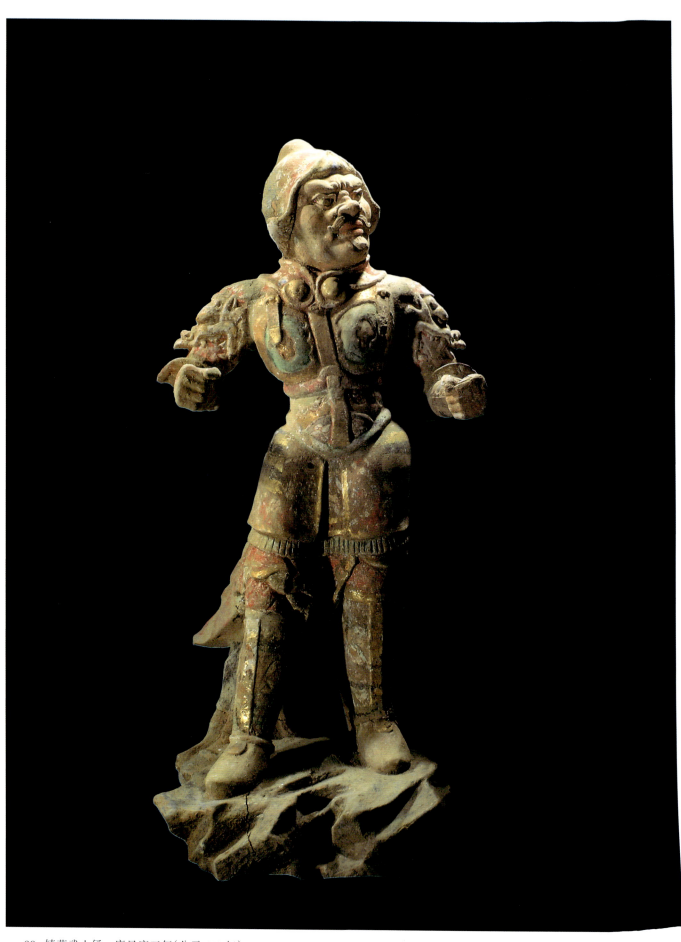

98. 镇墓武士俑　唐显庆三年(公元 658 年)
Tomb guardian warrior (658 AD)

99. 镇墓武士俑　唐显庆三年（公元658年）
Tomb guardian warrior（658 AD）

100. 镇墓兽　唐显庆三年（公元 658 年）
Tomb guardian beast（658 AD）

101. 镇墓兽　唐显庆三年（公元 658 年）

Tomb guardian beast（658 AD）

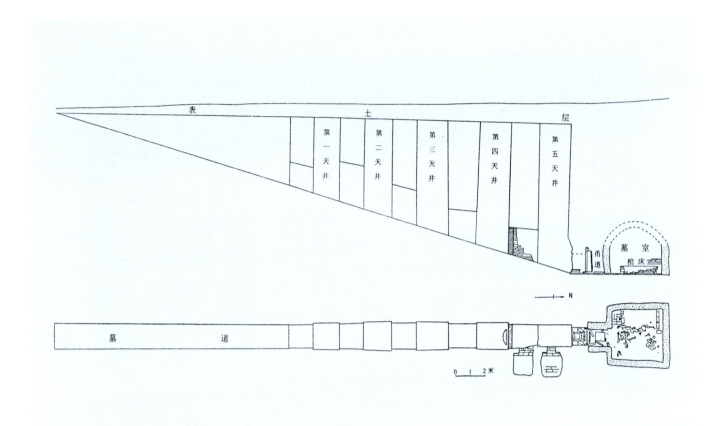

第一天井　第二天井　第三天井　第四天井　第五天井

表　土　层

墓　室

甬道　棺床

墓　道

N

0　1　2 米

102. 固原南郊乡羊坊村史索岩夫妇合葬墓平、剖面图

Plan & sectional drawing of joint burial tomb of the couple of Shi Suoyan at Yangfang Village，Nanjiaoxiang，Guyuan

103. 朱雀图　唐麟德元年（公元 664 年）
Scarlet Bird（664 AD）

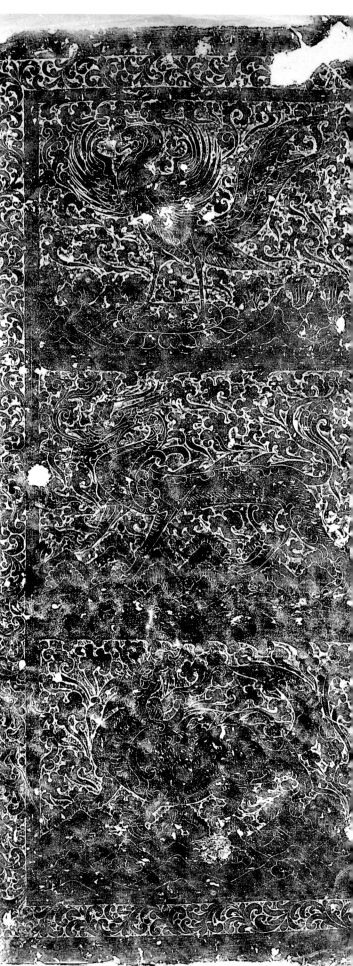

104. 石门门扇（拓本）　唐麟德元年（公元 664 年）
Rubbing from stone tomb gate （664 AD）

105. 史索岩墓志盖（拓本）　唐麟德元年（公元664年）

Epitaph on tomb of Shi Suoyan （664 AD）

107. 安娘墓志盖（拓本）　唐麟德元年（公元664年）
Epitaph on tomb of An Niang（664 AD）

大唐故平涼郡都尉芝公夫人諱娘字白岐州岐陽人安息王之苗裔也夫……

109. 四系白瓷罐　唐麟德元年（公元 664 年）
　　　White porcelain pot with four rings （664 AD）

110. 白瓷豆　唐麟德元年（公元 664 年）
　　　White porcelain *dou*-plate （664 AD）

111. 绿釉辟雍瓷砚　唐麟德元年（公元664年）
Green-glazed *piyong*-inkstone（664 AD）

112. 小陶靴　唐麟德元年(公元664年)
Small pottery boots（664 AD）

113. 金币　唐麟德元年（公元 664 年）
Golden coin（664 AD）

114. 鎏金水晶附饰　唐麟德元年（公元 664 年）
Gilt crystal ornament（664 AD）

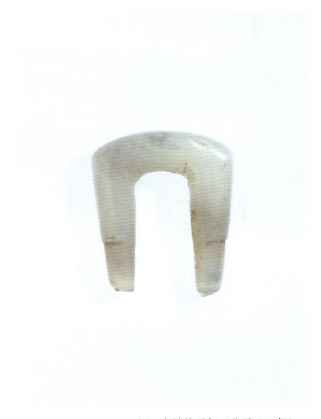

115. 玉钗　唐麟德元年（公元 664 年）
Jade hairpin（664 AD）

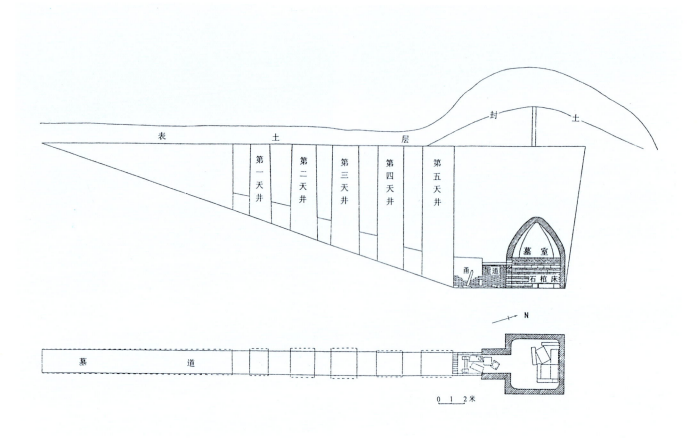

116. 固原南郊乡小马庄村史诃耽夫妇合葬墓平、剖面图

　　Plan & sectional drawing of joint burial tomb of the couple of Shi Kedan at Xiaomazhuang Village，Nanjiaoxiang，Guyuan

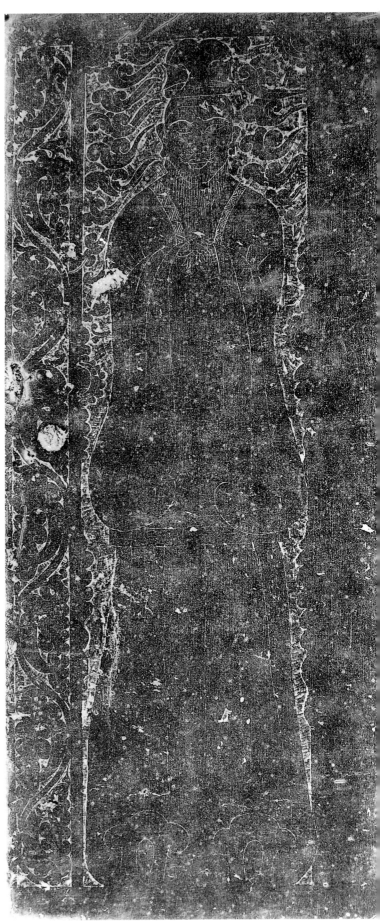

117. 石门门扇（拓本）　唐总章二年（公元 669 年）

Rubbings from stone tomb gate（669 AD）

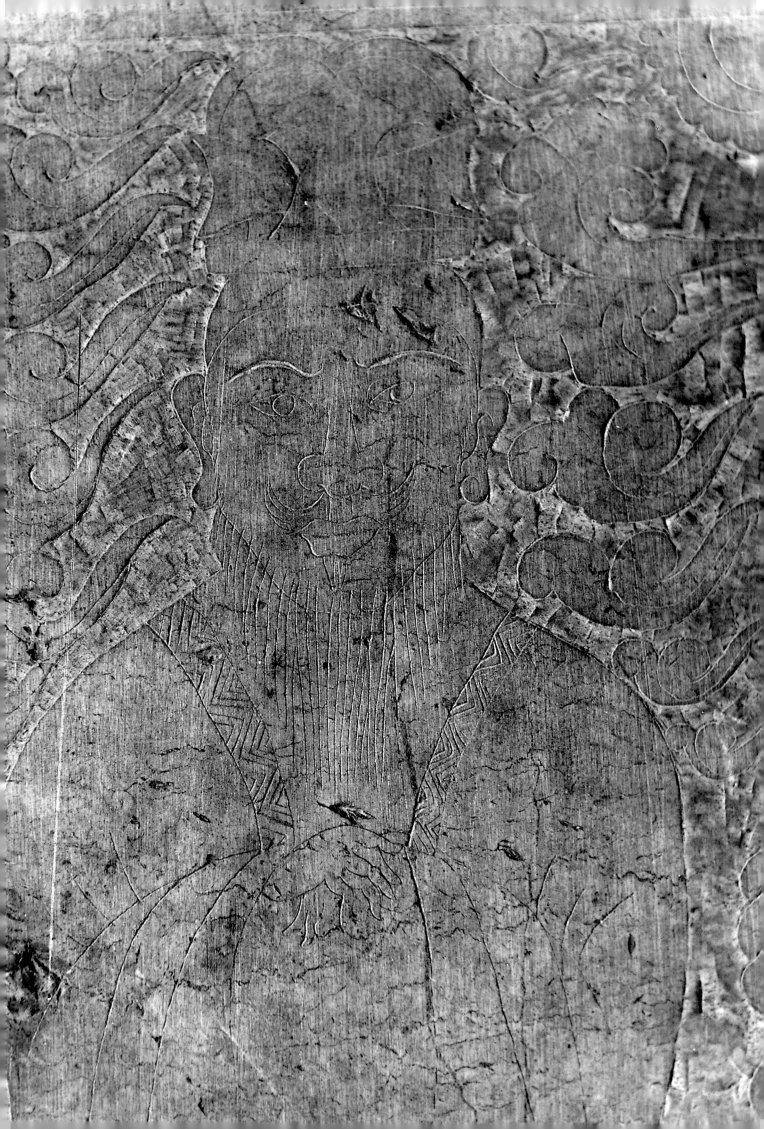

118. 史诃耽墓志盖（拓本） 唐总章二年（公元 669 年）
Epitaph on tomb of Shi Kedan（669 AD）

119. 史诃耽墓志（拓本） 唐总章二年（公元 669 年）
Epitaph on tomb of Shi Kedan（669 AD）

120. 鎏金小铜豆　唐总章二年（公元 669 年）
Small gilt bronze *dou*-plate （669 AD）

121. 金币　唐总章二年（公元 669 年）
Golden coin （669 AD）

122. 蓝色圆形宝石印章　唐总章二年（公元 669 年）
Blue round gem seal （669 AD）

123. 六曲玻璃杯　唐总章二年（公元 669 年）
Gourd-shaped glass cup（669 AD）

124. 喇叭形玻璃花　唐总章二年（公元 669 年）
Horn-shaped glass flower（669 AD）

125. 玻璃花结　唐总章二年（公元 669 年）
Glass flower knot（669 AD）

126. 固原南郊乡羊坊村史铁棒墓平、剖面图
Plan & sectional drawing of Shi Tiebang's tomb at Yangfang Village，Nanjiaoxiang，Guyuan

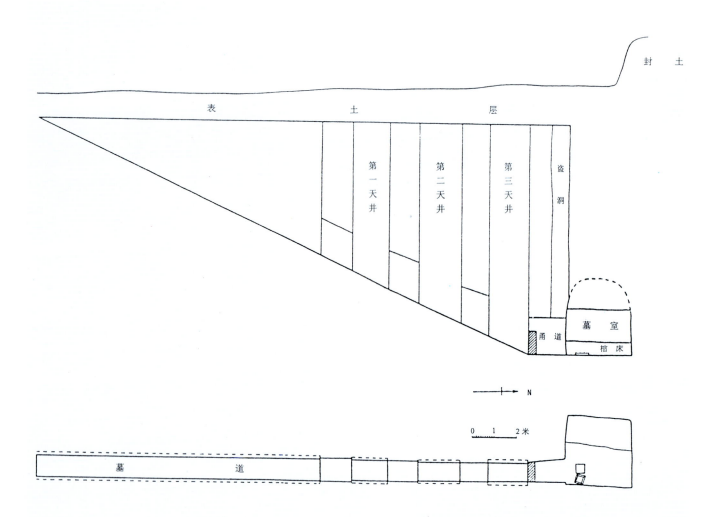

127. 史铁棒墓志盖（拓本） 唐咸亨元年（公元670年）
Epitaph on tomb of Shi Tiebang（670 AD）

128. 史铁棒墓志（拓本）　唐咸亨元年（公元670年）
Epitaph on tomb of Shi Tiebang（670 AD）

130. 固原南郊乡王涝坝村史道德墓平、剖面图
Plan & sectional drawing of Shi Daode's tomb at Wanglaoba Village，Nanijiaoxiang，Guyuan

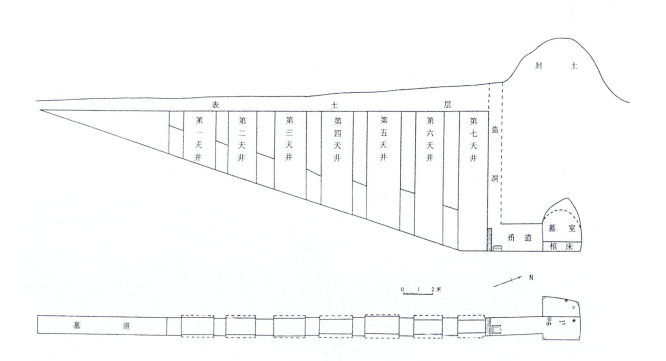

131. 史道德墓志盖（拓本）　唐仪凤三年（公元 678 年）

Epitaph on tomb of Shi Daode（678 AD）

132. 史道德墓志（拓本）　唐仪凤三年（公元678年）

Epitaph on tomb of Shi Daode（678 AD）

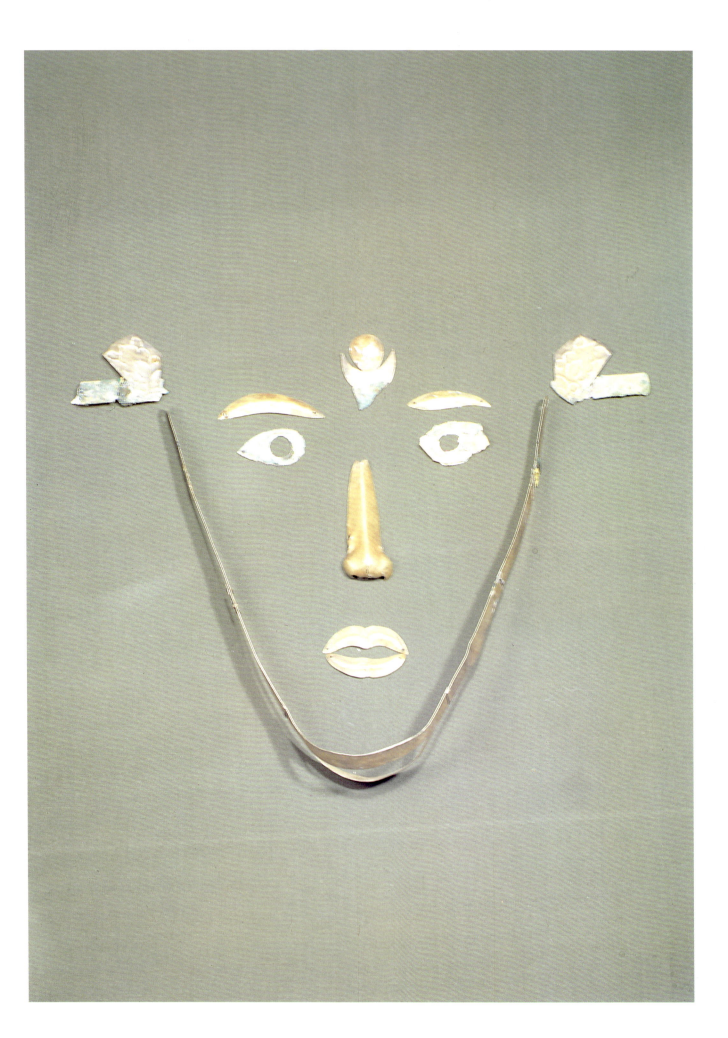

133. 金覆面　唐仪凤三年（公元 678 年）
Golden mask（678 AD）

134. 动物纹圆形金饰　唐仪凤三年（公元 678 年）
Round golden ornament with animal pattern（678 AD）

135. 兽面金饰　唐仪凤三年（公元 678 年）
Golden animal mask ornament（678 AD）

136. 金带扣、方形金铐 唐仪凤三年（公元 678 年）
Golden belt hook and square belt ornament （678 AD）

137. 金币 唐仪凤三年(公元 678 年)
Golden coin （678 AD）

138. 固原南郊乡王涝坝村 82M2 平、剖面图

Plan & sectional drawing of tomb 82M2 at Wanglaoba Village，Nanjiaoxiang，Guyuan

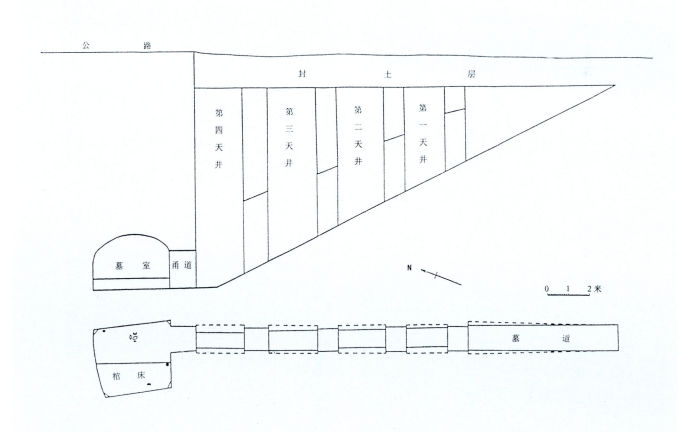

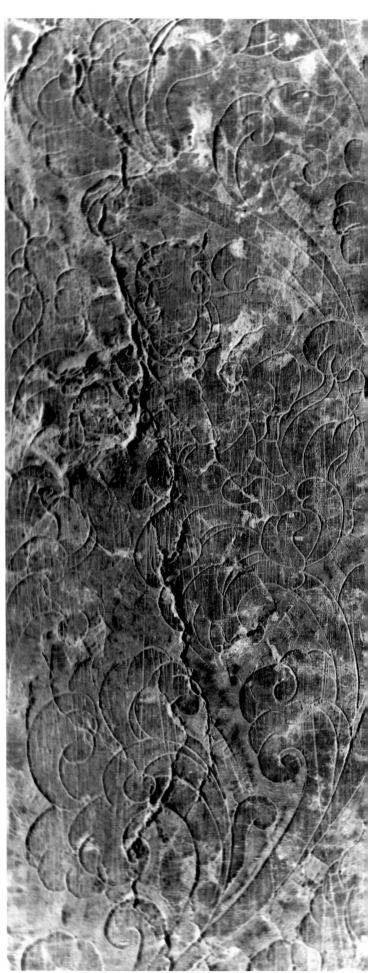

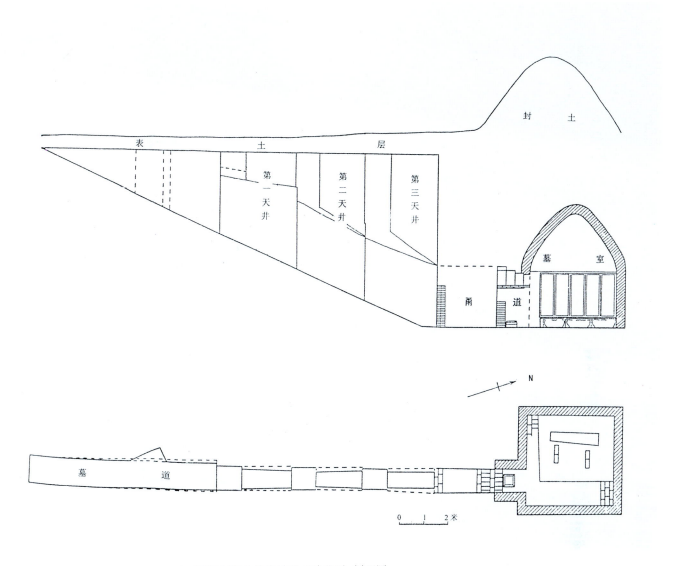

封土

表 土 层

第一天井　第二天井　第三天井

墓室

甬道

N

墓道

0 1 2 米

140. 固原南郊乡羊坊村梁元珍墓平、剖面图

Plan & sectional drawing of Liang Yuanzhen's tomb at Yangfang Village，Nanjiaoxiang，Guyuan

139. 石幢（局部）唐（公元 618～907 年）

Stone pillar（part，618～907 AD）

141. 牵马图　唐圣历二年(公元 699 年)
Picture of leading a horse（699 AD）

142. 牵马图　唐圣历二年(公元 699 年)
Picture of leading a horse （699 AD）

143. 牵马图　唐圣历二年(公元 699 年)
Picture of leading a horse （699 AD）

144. 牵马图　唐圣历二年（公元 699 年）
Picture of leading a horse （699 AD）

145. 牵马图　唐圣历二年（公元 699 年）
Picture of leading a horse（699 AD）

146. 牵马图 唐圣历二年(公元 699 年)
Picture of leading a horse（699 AD）

147. 执扇图 唐圣历二年（公元 699 年）

Picture of a woman holding a fan （699 AD）

148. 树下老人图（局部） 唐圣历二年（公元 699 年）

Picture of an old man under a tree （part, 699 AD）

149. 树下老人图（局部）　唐圣历二年（公元 699 年）

Picture of an old man under a tree（part, 699 AD）

150. 树下老人图（局部）　唐圣历二年（公元 699 年）

Picture of an old man under a tree（part, 699 AD）

151. 侍女图（局部）　唐圣历二年（公元 699 年）
Picture of a female attendant（part, 699 AD）

153. 梁元珍墓志盖(拓本) 唐圣历二年(公元 699 年)
Epitaph on tomb of Liang Yuanzhen (699 AD)

152. 男装侍女图 唐圣历二年(公元 699 年)
Picture of a maid in man's suit (699 AD)

154. 梁元珍墓志(拓本)　唐圣历二年(公元 699 年)

Epitaph on tomb of Liang Yuanzhen（699 AD）

155. 陶砚　唐圣历二年(公元 699 年)
Pottery inkstone（699 AD）

图 版 说 明

1. 彭阳新集乡石洼村北魏墓平、剖面图

墓葬共两座，皆坐北朝南。封土东西间距约 8 米。西侧编号为 M1，东侧编号为 M2。1984 年，宁夏固原博物馆对其进行了发掘。

M1 全长 44.76 米，由封土、墓道、过洞、天井、甬道和墓室六部分组成。封土周长 69 米，残高 6.2 米，为积土夯筑，形似覆锅。封土之下有两座土筑房屋，皆为长方形，其间以天井相连，似构成一完整院落。一模型，为夯筑，仅剔出略有倾斜、前低后高的瓦垄；另一模型，长 4.84 米，宽 2.9 米，顶部为两面坡式，正脊仿砖砌，上置鸱尾，正面刻出门和直棂窗。墓道长 18 米，宽 2.2 米，呈斜坡状，有两个过洞及天井。

墓室顶部已全部塌毁，结构不详。现存墓室狭长，两头宽，中间窄，南北长 6.6 米，最宽处 3.15 米，最窄处 2.62 米，可能原为前后两室。

M1 虽遭盗掘，仍出土一定数量的随葬品，其中陶俑为大宗，有一百余件。另有陶牲畜、陶模型（仓、灶、磨、井、碓）、陶盆、陶罐等二十余件。现存随葬品多分布在墓室中。

M2 位于 M1 东侧，由封土、墓道、过洞、天井、墓室五部分组成。封土周长 66 米，残高 5.4 米，夯筑。墓道长 38.5 米，呈斜坡状，有两个过洞及天井。墓室平面略呈梯形。随葬品几乎无存。

2. 陶鼓

北魏（公元 420～534 年）

高 10，直径 14.6 厘米

1984 年宁夏彭阳新集乡石洼村北魏墓出土

泥质红陶。腹面圆凸，中起一脊绕鼓腹半周。中空，摇之有声。

3. 陶仓

北魏（公元 420～534 年）

高 25.6，盖径 16.4，底径 12.2 厘米

1984 年宁夏彭阳新集乡石洼村北魏墓出土

泥质红陶。仓盖为伞形，平直沿。仓身为圆筒形，直腹，平底，上绘朱红色井字格。

4. 陶磨、陶井

北魏（公元 420～534 年）

陶磨：通高 12，直径 13.6 厘米

陶井：通高 17.2，直径 10 厘米

1984 年宁夏彭阳新集乡石洼村北魏墓出土

陶磨，泥质红陶，中空。圆筒形，分上下两盘。上盘顶面内凹，中有孔。下盘边沿凸起，上有磨沟及漏孔，底部略外撇。

陶井，泥质红陶。圆筒形，平底，腹部有环状凸起。井口上方有支架，上置辘轳，装轴即可转动。

5. 陶鸡

北魏（公元 420～534 年）

通高 12.9、10.5，长 14、12.9 厘米

1984 年宁夏彭阳新集乡石洼村北魏墓出土

青灰色陶质。一雄一雌。雄鸡体形较大，头顶有冠，尾下垂。雌鸡较小，短尾上翘。

6. 陶狗

北魏（公元420～534年）

通高17，长21厘米

1984年宁夏彭阳新集乡石洼村北魏墓出土

泥质红陶。嘴微张，头略上扬，体态健壮。

7. 陶牛、陶车、驭者

北魏（公元420～534年）

陶牛：通高21.9，长31.5厘米

陶车：通高24.6，长20.4厘米

驭者：通高34.5厘米

1984年宁夏彭阳新集乡石洼村北魏墓出土

陶牛，泥质红陶，中空。其双角上曲，昂首而立。角与腿均另制套连，用石灰黏合。

陶车，泥质红陶。车身两侧有栏板，栏板内外绘有红色条状纹饰。栏板上有数个穿孔。从车与穿孔的位置来看，应有木质车辕。车轮为陶质，原有十六根木质辐条，已朽。辐条两端分别用石灰固定在车轮及车毂上。

驭者，泥质红陶。面施粉，无须。头戴软帽，身着对开短衣及长裤。双臂前伸，手作握拳状，中有孔。

8. 武士俑

北魏（公元420～534年）

通高40、37.5厘米

1984年宁夏彭阳新集乡石洼村北魏墓出土

二件，造型基本一致。为泥质灰陶。眉毛细长，高鼻深目，有须。头戴鱼鳞甲兜鍪，身着带盆领的鱼鳞甲，甲片以墨线勾勒。双手握于腰际，拳心有孔，作执武器状。身首分制，用细木棍插入衣领后的圆孔中固定。

9. 甲骑具装俑

北魏（公元420～534年）

通高43.5，长34.8厘米

1984年宁夏彭阳新集乡石洼村北魏墓出土

泥质灰陶。面部施粉，有须。头戴鱼鳞甲兜鍪，身着带盆领的鱼鳞甲，甲片以墨线勾勒。双臂弯曲至腹前，双手握拳，拳心有孔。骑于铠马之上，腿部亦有甲片，无马镫。马身披具装铠，铠甲下沿一周涂红。两颊有护板，头戴面帘，额置三瓣花饰。马身中空，马腿、马尾为另制套接。

10. 文吏俑

北魏（公元420～534年）

通高41.7厘米

1984年宁夏彭阳新集乡石洼村北魏墓出土

泥质红陶。面部有须。头戴冠，身着长袍，腰束带，双手笼袖于腹前。身首分制，套接而成。

11. 吹角俑

北魏（公元420～534年）

通高45.3厘米

1984年宁夏彭阳新集乡石洼村北魏墓出土

泥质灰陶。面部施粉，有须。头戴冠，冠顶突起，边沿上卷。双手托一长角，鼓腮吹奏。角上粗下细，中空，两端饰朱红色。身首分制，套接一体。两手及角亦分别制成，后用石灰黏合。

12. 持鼓俑

北魏（公元420～534年）

通高39.3厘米

1984年宁夏彭阳新集乡石洼村北魏墓出土

泥质灰陶。面部无须。头戴冠，冠沿两侧上卷。左臂上举，臂弯处置一圆鼓。右臂弯曲前伸，手握拳，中有孔。鼓与俑身连制，俑手与臂分制。

13. 风帽俑

北魏（公元420～534年）

通高38、39.8厘米

1984年宁夏彭阳新集乡石洼村北魏墓出土

二件，造型基本一致。泥质红陶。尖鼻，深目，有须。头戴圆形风帽，身着翻领对襟大衣，足蹬圆头靴。左手下垂至腰际。右臂弯曲，拳心有孔。

14. 女侍俑

北魏（公元420～534年）

通高35.1、34.5厘米

1984年宁夏彭阳新集乡石洼村北魏墓出土

二件，造型基本一致。泥质红陶。均梳高髻，身着束腰长袍，双手握于胸前。身首分制，套接而成。

15. 固原东郊乡雷祖庙村北魏墓平、剖面图

1981年，此墓由宁夏固原博物馆组织发掘。

墓葬由封土、墓道、甬道和墓室四部分组成。封土早年被挖平。墓道呈斜坡状，长16米。墓室为砖砌，平面呈正方形，穹隆顶。

此墓为夫妇合葬墓，虽未遭盗掘，但由于七十年代铁路勘测部门钻探时大量进水，致使棺木散毁，随葬品移位。内有木棺两具，男性居左，女性居右，皆呈头南足北状。棺具胎木皆腐朽塌毁。男性棺具为漆棺，其上绘有精美漆画。经仔细拼合，大致可看出漆棺形式。随葬品集中放置在墓主人周围，有铜器、铁器、陶器、金银器、钱币及珠饰等六十余件。

16. 漆棺盖板漆画

北魏太和年间（公元477～499年）

残长180，宽105～87厘米

1981年宁夏固原东郊乡雷祖庙村北魏墓出土

棺盖为两面坡式，前端呈圭形，前宽后窄。上端对称绘有两座帷幔悬垂的房屋。左边屋榻上坐一男子，两侧有女侍。左侧另有榜题"东王父"三字。右边屋内为一妇人，屋外立一侍从。两座屋顶处各立一金翅鸟，作展翅欲飞状。其两侧对称绘有红色太阳及白色月亮。屋宇之间绘金色长河，呈波状，由上至下贯穿整个画面。长河两侧满布缠枝卷草纹图案，中有珍禽、异兽和人面鸟身的仙人等形象。棺盖边缘为忍冬纹带，宽约7.5厘米，其间加饰飞鸟。

17. 漆棺前挡漆画

北魏太和年间（公元477～499年）

残长52，宽66厘米

1981年宁夏固原东郊乡雷祖庙村北魏墓出土

画面为墓主人生前生活图。屋内一男子端坐于榻上，头戴高冠，身着窄袖圆领长袍及窄口裤，腰束带，足蹬尖头乌靴，为鲜卑贵族装束。其左手握麈尾，右手执耳杯。屋外两侧立有男女侍从。画面下方对称绘有人物，皆有项光，颈佩璎珞，手臂戴钏，侧身而立。

18. 漆棺侧板漆画

北魏太和年间（公元477～499年）

残长175、195，宽61、27厘米

1981年宁夏固原东郊乡雷祖庙村北魏墓出土

画面分为上、中、下三栏。上栏是孝子故事画，中栏是装饰图案，下栏是狩猎图。上栏画面为横卷式，每个故事以黄色三角状火焰纹图案相间，皆有榜题。其中的人物

形象较为一致，均作鲜卑人的装束。男戴高冠，女梳高髻，着夹领窄袖长袍，足蹬乌靴。中栏为联珠龟甲纹和直棂窗套绘人物、动物的装饰图案。下栏为鲜卑武士策马狩猎的场面，山峦间有禽兽竞相奔逃。

19. 铜壶

北魏太和年间（公元477～499年）

通高15.5，口径6.5，底径7.9厘米

1981年宁夏固原东郊乡雷祖庙村北魏墓出土

侈口，束颈，圆鼓腹，素面，圈足。腹部两侧有兽面纹衔环铺首。有盖，盖顶有一桥形钮。

20. 铜钫

北魏太和年间（公元477～499年）

通高16.5厘米

1981年宁夏固原东郊乡雷祖庙村北魏墓出土

素面，细颈鼓腹，肩部两侧有对称的桥形钮及圆环。钫盖平顶，四边斜杀，将钫盖四等分，上有对称花纹。顶部饰有四叶花瓣，桥形钮。

21. 铜灶

北魏太和年间（公元477～499年）

通高17.3，长20厘米

1981年宁夏固原东郊乡雷祖庙村北魏墓出土

整个器物由三部分组成。底部为灶，灶上附釜，上部为甑。灶作龟形，斜伸的龟颈和张嘴的龟首为烟囱，龟身作灶身，龟尾作灶门。灶上置釜。釜为直沿束口，圆鼓腹。釜上为甑，窄平沿口，上腹两侧有对称的兽面纹铺首衔环，下腹内收，有箅。整个器物构思精巧，造型别致。

22. 铜镳斗

北魏太和年间（公元477～499年）

通高24，口径18.2厘米

1981年宁夏固原东郊乡雷祖庙村北魏墓出土

侈口宽沿，折沿外撇。浅腹，圆形凹底，足外撇。柄作弧形龙首，造型生动。器物外腹、底部及三足均有烟炱痕迹。

23. 铜镳斗

北魏太和年间（公元477～499年）

通高10.6，口径14.5，柄长24厘米

1981 年宁夏固原东郊乡雷祖庙村北魏墓出土

侈口窄沿，折沿外撇，沿部饰凹弦纹。束颈、平底、浅腹微鼓，足外撇。一侧沿部有流口，另一侧颈部有柄，柄首作环形。器物底部与三足均有较厚的烟炱。

24. 透雕铜铺首

北魏太和年间（公元 477～499 年）

长 11.2，宽 10.5 厘米

1981 年宁夏固原东郊乡雷祖庙村北魏墓出土

铺首下部为兽面，两边有类似卷草纹的边饰。上部正中有一人直立，头梳高髻，着紧身衣，两侧有二龙对称交错。

25. 透雕铜牌

北魏太和年间（公元 477～499 年）

长 11，宽 7.5 厘米

1981 年宁夏固原东郊乡雷祖庙村北魏墓出土

由双龙交缠构成一椭圆形，正中有一人直立，头梳高髻，身着带风帽服饰，肩臂间有天衣缠绕。二龙之上，各立一凤，嘴、爪、尾部均紧贴龙背。

26. 银耳杯

北魏太和年间（公元 477～499 年）

高 5，残长 10 厘米

1981 年宁夏固原东郊乡雷祖庙村北魏墓出土

器身两端稍高，中部略低，平面为椭圆形。束口，口沿中部两侧各附一耳，呈月牙状。有底座，亦为椭圆形，上饰五道凹槽。

27. 波斯银币

北魏太和年间（公元 477～499 年）

直径 2.7 厘米，重 3.5 克

1981 年宁夏固原东郊乡雷祖庙村北魏墓出土

圆形。正面为萨珊王卑路斯侧面头像，王冠后部有翼状物，冠顶饰飘带，并有一新月托球，边饰一周联珠纹。有铭文，但已模糊不清。背面中央为拜火教祭坛，上有火焰。祭坛两侧有两祭司相对而立。右侧祭司身后有铸造地点的缩写。

28. 金耳环

北魏（公元 420～534 年）

直径 4.8 厘米，重 14.7、16.3 克

1991 年宁夏固原三营镇化平村北魏墓出土

均呈环形，上嵌三行绿松石及珍珠，错位排列，数量不等。

29. 金耳环

北魏（公元 420～534 年）

直径 3.4、2.9 厘米，重 8.6、6.6 克

1987 年宁夏固原寨科乡北魏墓出土

均呈环形，上嵌三行叶状绿松石，错位排列，数量不等。接近耳部细尖，两端各有一小孔。

30. 固原南郊乡王涝坝村宇文猛墓平、剖面图

1993 年，此墓由宁夏文物考古研究所固原工作站组织发掘。其西距北周李贤墓约 1500 米，南距史道德墓约 1000 米，东南距史射勿墓约 2000 米。据墓志记载，宇文猛为北周大将军、大都督、原州刺史。

墓葬坐北朝南，由封土、墓道、天井、过洞、甬道、墓室六部分组成，全长 53 米。封土残高 4.6 米，底径 12 米，顶部呈馒头形。墓道在封土南侧，有五个天井。墓室为土洞式，东西长 3.6 米，南北宽 3.5 米，顶部因早年塌方，形状不明。墓室西北壁有长方形棺床，为条砖砌成，长 3.2 米，宽 1.8 米，厚 0.05 米。葬具为一棺一椁。棺木髹漆，残存漆皮上带有金黄色。墓主人呈足东头西状。

其墓道、天井、过洞、甬道、墓室处均绘有壁画，由于进水，多已漫漶不清，仅第五天井东壁尚存一幅站立武士图。

由于此墓早年被盗，出土遗物仅一百余件。彩绘陶俑及陶鸡、狗、马、骆驼、磨、灶、井、碓等放置在墓室东南角，陶罐等器物放置在西南角。

另有墓志一合，置于甬道与墓门结合处。

31. 镇墓武士俑

北周保定五年（公元 565 年）

通高 23.9 厘米

1993 年宁夏固原南郊乡王涝坝村宇文猛墓出土

泥质灰陶。头戴尖锥顶兜鍪，中起脊棱，前有冲角，两侧有护耳，盆领。身着明光铠甲，边沿涂红，甲片以墨线勾勒。肩加披膊，下着裙，足蹬靴。右手下垂，左手屈至胸前作持物状，拳心有孔。

32. 甲骑具装俑

北周保定五年（公元565年）

通高18.4，长18厘米

1993年宁夏固原南郊乡王涝坝村宇文猛墓出土

泥质灰陶。骑俑头戴尖顶兜鍪，中起脊棱，额前伸出冲角。身着铠甲，外披黑色风衣。两手屈至胸前作执物状。战马垂首站立，外披鱼鳞状铠甲，辔鞍齐备。

33. 执盾武士俑

北周保定五年（公元565年）

通高13.2厘米

1993年宁夏固原南郊乡王涝坝村宇文猛墓出土

泥质灰陶。高鼻，深目，有须。头戴黑色平顶兜鍪，前有冲角，两侧有护耳。左手于胸前执盾，右手下垂。

34. 文吏俑

北周保定五年（公元565年）

通高13厘米

1993年宁夏固原南郊乡王涝坝村宇文猛墓出土

泥质灰陶。头戴小冠，身着交领宽袖袴褶服。右手举至胸际，左手置腹前，作持物状，拳心有孔。

35. 笼冠俑

北周保定五年（公元565年）

通高17厘米

1993年宁夏固原南郊乡王涝坝村宇文猛墓出土

泥质灰陶。面部施粉，以墨线勾勒眉、眼、口、鼻等。头戴黑色笼冠，身着红色长袍。双手屈至胸前作持物状，拳心有孔。

36. 执箕俑

北周保定五年（公元565年）

通高9.4厘米

1993年宁夏固原南郊乡王涝坝村宇文猛墓出土

泥质灰陶。面部施粉，眉、眼、口、鼻等处以墨线勾勒。通体施红色。头戴黑色笼冠。踞坐，双手于腹前执箕。空心。

37. 吹奏骑俑

北周保定五年（公元565年）

通高15.7，长14.8厘米

1993年宁夏固原南郊乡王涝坝村宇文猛墓出土

泥质灰陶。头戴黑色风帽，身着浅红色交领长袍，足蹬乌靴。左手屈于胸前，右手执乐器放至嘴部作吹奏状。骑俑面部及手涂粉，马通体施红色。

38. 吹奏骑俑

北周保定五年（公元565年）

通高15.7，长14.6厘米

1993年宁夏固原南郊乡王涝坝村宇文猛墓出土

泥质灰陶。头戴黑色笼冠，身着红色宽袖长袍，足蹬乌靴。双手执排箫。骑俑面部及手涂粉，马鞍施红色。

39. 镇墓兽

北周保定五年（公元565年）

通高6.9，长18.2厘米

1993年宁夏固原南郊乡王涝坝村宇文猛墓出土

泥质灰陶。大口紧闭，圆眼，头上有鬃鬣，呈蹲伏状。通体施红色，颈、背及面部以墨色勾勒。

40. 固原西郊乡深沟村李贤夫妇合葬墓平、剖面图

1983年，此墓由宁夏回族自治区博物馆与固原博物馆联合发掘。

墓葬坐北朝南，由封土、墓道、天井、过洞、甬道、墓室六部分组成。地面原有高大封土，高5米，顶部呈不规则圆形。墓道在封土堆南侧，有三个天井及过洞。甬道长2.2米，宽1.35米。墓室为土洞式，东西长4米，南北宽3.85米，顶部因早年塌方，形状不明。墓门在南壁中间，墓室地面铺砖。

墓室中的棺椁已朽，从残迹判断，男性居东，葬具为一棺一椁；女性居西，葬具仅有一棺。从葬具位置看，墓主人头冲南方。

其墓道、天井、过洞、甬道、墓室处均绘有壁画，内容为建筑、人物等。由于墓顶及大部分墙壁塌方，画面多被毁坏。

李贤墓虽遭盗扰，但仍出土金、银、铜、铁、陶、玉等各类随葬品三百余件。其中陶俑数量最多，有二百六十多件。鎏金银瓶、玻璃碗、金戒指、铁刀等则具有重要研究价值。

此墓出土李贤及夫人吴辉墓志各一合，都是早期墓志中的精品。

41. 门楼图

北周天和四年（公元 569 年）

高 70，宽 140 厘米

1983 年宁夏固原西郊乡深沟村李贤夫妇合葬墓出土

门楼为双层。上层屋顶为庑殿式，正面三开间。柱头承托阑额，斗栱为一斗三升，补间人字栱，下部为单勾栏。下层屋顶、柱头、斗栱结构皆与上层同。画面以白色灰浆打底，用黑色线条勾画出鸱尾、屋脊、瓦垄，立柱为红色。

42. 门楼图

北周天和四年（公元 569 年）

高 60，宽 140 厘米

1983 年宁夏固原西郊乡深沟村李贤夫妇合葬墓出土

屋顶为庑殿式，正面三开间。柱头承托阑额，斗栱为一斗三升，补间人字栱。画面以白色灰浆打底，用黑色线条勾画出鸱尾、屋脊、瓦垄。

43. 武士图

北周天和四年（公元 569 年）

高 140 厘米

1983 年宁夏固原西郊乡深沟村李贤夫妇合葬墓出土

位于第一过洞东壁。武士高鼻，大耳，有须。头戴冠，内穿袴褶服，宽袖，摆下垂，身着裲裆明光铠，腰束带，足穿尖头麻履。双手置胸前，右手反握刀柄，刀身向上斜靠左肩，呈站立守卫状。

44. 武士图

北周天和四年（公元 569 年）

高 140 厘米

1983 年宁夏固原西郊乡深沟村李贤夫妇合葬墓出土

位于第一过洞西壁。武士高鼻，大耳，有须。头戴冠，内穿袴褶服，宽袖，摆下垂，身着裲裆明光铠，腰束带，膝下加缚，足穿尖头麻履。衣纹用墨线勾勒，褶皱处以红色晕染。双手置胸前，右手反握刀柄，刀身向上斜靠右肩，呈站立守卫状。

45. 武士图

北周天和四年（公元 569 年）

高 160～170 厘米

1983 年宁夏固原西郊乡深沟村李贤夫妇合葬墓出土

位于第一天井东壁，为第三幅。武士大耳，有须，面部晕染成红色。头戴冠，内穿袴褶服，宽袖，身着裲裆明光铠，腰束带，足穿麻履。衣纹用墨线勾勒，褶皱处以红色晕染。双手置胸前，左手腕夹住刀柄，刀身向上斜靠左肩，呈站立守卫姿势。

46. 武士图

北周天和四年（公元 569 年）

高 160～170 厘米

1983 年宁夏固原西郊乡深沟村李贤夫妇合葬墓出土

位于第一天井西壁，为第二幅。武士大耳，有须，面部晕染成红色。头戴冠，内穿袴褶服，宽袖，下摆敞开，身着裲裆明光铠，膝下束带，足穿麻履。双手置胸前，右臂夹住刀柄，刀身向上斜靠右肩，呈站立守卫姿势。

47. 武士图

北周天和四年（公元 569 年）

高 140 厘米

1983 年宁夏固原西郊乡深沟村李贤夫妇合葬墓出土

位于第三过洞东壁。武士大耳，有须。头戴冠，内穿袴褶服，宽袖，身着裲裆明光铠，足穿麻履。双手置胸前，左手反握刀柄，刀身向上斜靠左肩，呈站立守卫姿势。

48. 武士图

北周天和四年（公元 569 年）

高 140 厘米

1983 年宁夏固原西郊乡深沟村李贤夫妇合葬墓出土

位于第三过洞西壁。武士大耳，有须。头戴冠，内穿袴褶服，宽袖，身着裲裆明光铠，足穿麻履。双手置胸前，左手拿物，右手反握刀柄，刀身向上斜靠右肩，呈站立守卫姿势。

49. 侍从伎乐图

北周天和四年（公元 569 年）

高 146 厘米

1983 年宁夏固原西郊乡深沟村李贤夫妇合葬墓出土

位于墓室南壁东端。人物大耳，面部丰满，颊部晕染粉红色。头梳双髻。内穿圆领衫，外着宽袖服，下裹裙。右侧腰间有小圆鼓，鼓的上下两端有莲瓣纹装饰，中间有带。其双手执槌，作击鼓状。画面四周有红色边框。

50. 侍从伎乐图

北周天和四年（公元 569 年）

高 146 厘米

1983 年宁夏固原西郊乡深沟村李贤夫妇合葬墓出土

位于墓室西壁，为南端第二幅。人物大耳，面相丰满，颊部晕染成粉红色。其头梳高髻，内穿圆领衫，外着无领宽袖服，腰系带，下裹裙。右手屈至胸前持物，左手持团扇。

51. 侍女图

北周天和四年（公元 569 年）

高 51 厘米

1983 年宁夏固原西郊乡深沟村李贤夫妇合葬墓出土

位于墓室南壁西端。人物大耳，面相丰满，头梳双发髻。内穿圆领衫，外着交领服，衣纹以墨线勾勒，褶皱及边缘处用红色晕染。画面胸以下残。

52. 李贤墓志盖

北周天和四年（公元 569 年）

边长 67.5×67，厚 10.5 厘米

1983 年宁夏固原西郊乡深沟村李贤夫妇合葬墓出土

青石质。呈正方形，盝顶式，四面斜杀，素面，正中镌刻减地阳文楷书"大周柱国河西公墓铭"，共三行九字。志盖右上角有一直径约 2 厘米的穿孔，下部有四个排列不规整、直径 9 厘米的圆环状印痕。

53. 李贤墓志

北周天和四年（公元 569 年）

边长 67.5×67.5，厚 10 厘米

1983 年宁夏固原西郊乡深沟村李贤夫妇合葬墓出土

青石质。正面磨光，细线刻划大小均等的方格，横竖各三十一行。志文刻于格内，满行三十一字，共八百七十四字。文行楷体。

54. 吴辉墓志盖

北周天和四年（公元 569 年）

边长 46.5×46，厚 12 厘米

1983 年宁夏固原西郊乡深沟村李贤夫妇合葬墓出土

青石质。呈方形，盝顶，四面斜杀，素面，正中镌刻减地阳文篆书"魏故李氏吴郡君之铭"，共三行九字。

55. 吴辉墓志

北周天和四年（公元 569 年）

边长 45×44，厚 11 厘米

1983 年宁夏固原西郊乡深沟村李贤夫妇合葬墓出土

青石质。正面磨光，细线刻划大小均等的方格，横竖各二十行。志文刻于格内，满行二十字，共三百二十三字。文行楷体。

56. 陶灶

北周天和四年（公元 569 年）

通高 9.8，长 8.8 厘米

1983 年宁夏固原西郊乡深沟村李贤夫妇合葬墓出土

泥质灰陶。平面呈马蹄形，上置一釜，釜与灶连为一体。灶台前有阶梯状挡风墙，下设拱形灶门。灶身通体涂红色，釜为白色。

57. 陶碓

北周天和四年（公元 569 年）

通高 6.9，长 12.5 厘米

1983 年宁夏固原西郊乡深沟村李贤夫妇合葬墓出土

泥质红陶。由臼、架、杵三部分组成，装杵的碓架上对称有两个小孔，孔上装杆，杆上再装杵，杵可以活动。

58. 陶鸡舍

北周天和四年（公元 569 年）

通高 6.4、7 厘米

1983 年宁夏固原西郊乡深沟村李贤夫妇合葬墓出土

二件，造型基本一致。泥质灰陶。鸡舍平面呈方形，弧形顶，顶边平直。其前壁正中下方开一小门，门为拱形。出土时各有两只陶鸡蹲伏在鸡舍顶部。

59. 陶马、驮驴

北周天和四年（公元 569 年）

陶马：通高 10.2，长 13.7 厘米

驮驴：通高 10.5，长 13.8 厘米

1983 年宁夏固原西郊乡深沟村李贤夫妇合葬墓出土

陶马为泥质灰陶。头较小，微低，作嘶鸣状，脖颈短粗。戴马镳，身上备鞍，做出障泥，应为驮物之马。马通体施红色、黑色。

驮驴为泥质灰陶。其呈垂首站立姿势，背上驮物。通体施白色。

60. **陶骆驼**

北周天和四年（公元 569 年）

通高 18.4，长 20.5 厘米

1983 年宁夏固原西郊乡深沟村李贤夫妇合葬墓出土

泥质灰陶。由手工捏制而成，空心，通体施褐色。双峰，峰间驮物。

61. **镇墓武士俑**

北周天和四年（公元 569 年）

通高 18.2、19.2 厘米

1983 年宁夏固原西郊乡深沟村李贤夫妇合葬墓出土

二件，皆为泥质灰陶。

左侧武士为环目，阔口，有须。其头戴兜鍪，身着铠甲，甲片以墨线勾勒，边缘涂红，肩加披膊。右臂下垂，左臂屈于胸前，手作执物状，拳心有孔。通体施白。

右侧武士头戴尖顶兜鍪，中起脊棱，前有冲角，两侧有护耳。身着明光铠，肩加披膊，下裹裙。姿势与左侧俑相同。

62. **甲骑具装俑**

北周天和四年（公元 569 年）

通高 17.5，长 17.6 厘米

1983 年宁夏固原西郊乡深沟村李贤夫妇合葬墓出土

泥质灰陶。头戴尖顶兜鍪，中起脊棱，额前有冲角，两侧有护耳。身着铠甲，外披黑色风衣。两臂弯曲至胸前，双手作执物状，左拳心有孔。马身披铠甲，甲片以墨线勾勒，背上有鞍，昂首呈站立姿势。

63. **甲骑具装俑**

北周天和四年（公元 569 年）

通高 17.5，长 17.6 厘米

1983 年宁夏固原西郊乡深沟村李贤夫妇合葬墓出土

泥质灰陶。头戴尖顶兜鍪，额前有冲角，两侧有护耳。身着铠甲，甲片以墨线勾勒，外穿黑色披风。两臂弯曲至胸前，双手作执物状，左拳心有孔。马身披铠甲，甲片以墨线勾勒，背上有鞍，垂首呈站立姿势。

64. **甲骑具装俑**

北周天和四年（公元 569 年）

通高 17.5，长 17.6 厘米

1983 年宁夏固原西郊乡深沟村李贤夫妇合葬墓出土

泥质灰陶。头戴尖顶兜鍪，额前有冲角，两侧有护耳。身着铠甲，甲片以墨线勾勒，外穿黑色披风。两臂弯曲至胸前，双手作执物状，左拳心有孔。马身披铠甲，背上有鞍，垂首呈站立姿势。

65. **武官俑**

北周天和四年（公元 569 年）

通高 12.6、12.7 厘米

1983 年宁夏固原西郊乡深沟村李贤夫妇合葬墓出土

二件，为泥质灰陶，造型基本一致。头戴小冠，身穿红色圆领长袍，下着裙。双手拱于胸前，两臂弯曲处各有一圆孔。

66. **文吏俑**

北周天和四年（公元 569 年）

通高 12.4、12.5 厘米

1983 年宁夏固原西郊乡深沟村李贤夫妇合葬墓出土

二件，为泥质灰陶，造型基本一致。头戴小冠。身着交领长袖袴褶服，腰束带。左手置腹际，右手屈于胸前，均作持物状，拳心有孔。

67. **笼冠俑**

北周天和四年（公元 569 年）

通高 13.7、13.8 厘米

1983 年宁夏固原西郊乡深沟村李贤夫妇合葬墓出土

二件，为泥质灰陶，造型基本一致。头戴白色笼冠，细部用墨线勾勒。身穿圆领大袖衫，外着红色长裙，腰束彩带。双手屈于胸前，拳心有孔。

68. **风帽俑**

北周天和四年（公元 569 年）

通高 13.8、13.9 厘米

1983 年宁夏固原西郊乡深沟村李贤夫妇合葬墓出土

二件，为泥质灰陶，造型基本一致。头戴风帽，内穿圆领衫，外披褐色风衣，下着裤，足蹬靴。双手置胸腹间，作持物状。两臂弯曲处各有一插物孔，原插物已失。

69. **侍女俑**

北周天和四年（公元 569 年）

通高 13.8 厘米

1983 年宁夏固原西郊乡深沟村李贤夫妇合葬墓出土

泥质灰陶。头戴小冠，身穿交领衫，外着长裙，腰束带。通体施白色。双手置胸腹间，作持物状。

70. 胡俑

北周天和四年（公元 569 年）

通高 13.2 厘米

1983 年宁夏固原西郊乡深沟村李贤夫妇合葬墓出土

二件，为泥质灰陶，造型基本一致。深目高鼻，头发卷曲。祖胸，内穿宽领衫，外披红色风衣。双手置胸腹间，作持物状。两臂弯曲处各有一插物孔，原插物已失。

71. 骑马俑

北周天和四年（公元 569 年）

通高 13.6，长 13.7 厘米

1983 年宁夏固原西郊乡深沟村李贤夫妇合葬墓出土

泥质灰陶。头戴黑色风帽，身着白色交领宽袖长衫。双手置胸腹间，作持物状，拳心向上，各有一孔。马垂首而立，通体施白色。头戴辔，背上置鞍，鞍左前部有一小孔。辔为黑色，鞍涂朱。

72. 吹奏骑俑

北周天和四年（公元 569 年）

通高 15.2，长 14.9 厘米

1983 年宁夏固原西郊乡深沟村李贤夫妇合葬墓出土

泥质灰陶。头戴黑色风帽，身着白色宽袖长衣，足穿黑靴。双手执排箫。马垂首呈站立状，通体施白色。头较小，颈短肥，腿部粗壮。辔鞍俱备，鞍涂朱。

73. 吹奏骑俑

北周天和四年（公元 569 年）

通高 15.2，长 14.2 厘米

1983 年宁夏固原西郊乡深沟村李贤夫妇合葬墓出土

泥质灰陶。头戴黑色风帽，身着大交领宽袖长衣。右手置腹间，左手举至嘴部，鼓腮作吹奏状。马垂首呈站立姿势，通体施褐色，以黑色勾勒细部。头较小，颈短肥，腿部粗壮。辔鞍俱备。

74. 镇墓兽

北周天和四年（公元 569 年）

通高 8.5、6.9，长 18.5、16 厘米

1983 年宁夏固原西郊乡深沟村李贤大妇合葬墓出土

二件，皆为泥质灰陶，造型基本一致。独角，昂首，仰视，作匍匐状。面部以墨线勾勒，怒目圆睁，口露獠牙，形象十分狰狞。

75. 鎏金银壶

北周天和四年（公元 569 年）

通高 37.5 厘米

1983 年宁夏固原西郊乡深沟村李贤夫妇合葬墓出土

细长颈，鸭嘴状流，鼓腹，圈足，单把。壶腹上部饰一周覆莲瓣纹，中部为凸起的三组人物图像。每组各有一对男女，表现的是希腊神话中金苹果的故事。壶腹下部线雕涡纹，并有怪兽、游鱼图案。壶颈、壶腹和壶腹、圈足连接处及圈足边缘，各饰有一周突起的圆珠。

76. 金戒指

北周天和四年（公元 569 年）

直径 2.4 厘米，重 10 克

1983 年宁夏固原西郊乡深沟村李贤夫妇合葬墓出土

圆环状，上嵌一蓝色宝石。石面上雕一人，右腿前迈，作行走之势，双手上举，两侧各垂一囊状物。

77. 铁刀

北周天和四年（公元 569 年）

通长 86 厘米

1983 年宁夏固原西郊乡深沟村李贤夫妇合葬墓出土

单面刃，铜质刀珌。环首，柄部较短，以银片镶包。外套木质刀鞘，上有银质附耳。木鞘外表髹漆，呈褐色。

78. 玻璃碗

北周天和四年（公元 569 年）

高 8，口径 9.5 厘米

1983 年宁夏固原西郊乡深沟村李贤夫妇合葬墓出土

直口，矮圈足，圈足由一个直径 3.1 厘米的突起的凹球面构成。其通体呈淡黄绿色，内含小气泡。内壁光洁，外壁有金黄色分化层，并上下错位排列两周凸起的圆形装饰，饰面为凹球面。

79. 固原西郊乡大堡村田弘夫妇合葬墓平、剖面图

1996 年，此墓由原州联合考古队组织发掘。

墓葬由封土、墓道、天井、过洞、甬道、墓室六部分组成。封土残高约 4 米，直径 20 余米。斜坡墓道，有五个

天井。墓室和甬道大面积塌陷，墓室顶部结构不清。甬道中央有木质封门，已朽。甬道和墓室地面铺有地砖。

墓室由主室、后室和侧室三部分组成。主室和后室西北角各有一棺，皆为一棺一椁。分析人骨和随葬品出土情况可知，后室为墓主人，主室为其夫人。从墓道至墓室纵向剖面看，第三天井填土出现二次堆积的打破现象，且过洞封门砖杂乱，表明夫人是二次葬于墓室内的。在第五天井距地表约4米处盗洞内发现田弘墓志一合。

其甬道、墓室及后室、侧室分布有壁画。甬道和墓室顶部壁画内容不详，北壁后室两侧保存有两幅较完整的人物图。

此墓虽早期盗掘严重，但仍出土大量珍贵文物。主人棺内发现玉环、玉佩、东罗马金币及五铢钱、水晶珠饰等。夫人棺内发现玉钗、五铢钱、玻璃串珠、泥质串珠等。主室西南角置有十余件陶罐，大多内盛糜子等粮食。东侧室内置有骑马俑、武士俑等。第五天井内出土有陶器、玉器、铁器等。

80. 侍卫图

北周建德四年（公元575年）

高116厘米

1996年宁夏固原西郊乡大堡村田弘夫妇合葬墓出土

位于墓室中央北壁西侧。已残，现存二人神态大体相同。皆头戴黑色小帻，身着红色长袍，下穿白裤，足蹬乌鞋。双手笼袖于胸前，侧身而立。人物周围有宽9厘米的红色边框。

81. 侍卫图

北周建德四年（公元575年）

高114厘米

1996年宁夏固原西郊乡大堡村田弘夫妇合葬墓出土

位于墓室中央北壁东侧。现存二人神态大体与西侧相同。已残，靠西一人头部无存。人物细眉，长眼，高鼻，有须，颊部涂红。头戴黑色小帻，侧有长笄穿过。身着红色长袍，下穿白裤，足蹬乌鞋。双手笼袖于胸前，侧身而立。人物周围有宽9厘米的红色边框。

82. 金币

北周建德四年（公元575年）

直径1.5厘米，重2.4克

1996年宁夏固原西郊乡大堡村田弘夫妇合葬墓出土

圆形。正面为东罗马皇帝侧面肖像。其头戴盔，耳际有垂索，身着铠甲，肩扛短矛。从右至左有一周拉丁文铭文。由于金币剪边，一些字母被剪去上半部分。铭文为："DNLEO☐EVRPE☐AV☐"，意为"利奥（Leo）永远是我们皇帝"。背面为一胜利女神，一手握十字架，一手执金球，边有一周铭文。铭文为："V☐CTOR☐☐AAVGGGI"。前面是胜利女神的名字，"AAVGGG"可译为"帝国的胜利"，"GGG"代表着奥古斯都时期的罗马皇帝。"I"字母是造币厂的编号。女神足下铭文为"CONB"，代表着君士坦丁堡的金本位制度。

83. 固原南郊乡小马庄村史射勿墓平、剖面图

1987年，此墓由宁夏文物考古研究所和固原工作站联合发掘。

墓葬坐北朝南，由封土、墓道、天井、过洞、甬道、墓室等部分组成，全长29米。封土残高约4.7米，南北直径16米，呈馒头状。墓道水平长13米左右，有两个天井及过洞。甬道长1.2米，宽1.1米，券顶，顶高1.8米，为土坯封门，封门被盗墓者打开。墓室长3.25米，前宽3.35米，后宽3.6米，平面略呈方形。其顶部及四壁全部倒塌，仅存西南一角，约2米处起券。墓室紧靠北壁有一近似梯形的生土棺床，前长2.75米，后长3.05米，宽1.4米，高0.5米。床身涂白，并绘有红色波状线。上有朽木残迹，应为棺木。墓志放置在棺床边正对墓门处。

其墓道、过洞、天井及墓室等处，均分布有壁画，内容为人物、建筑、花卉等。

此墓因多次被盗，出土物仅二十余件，计有白瓷钵、四系青瓷罐、金带扣、金铸、萨珊银币、水晶珠饰等。

84. 执刀武士图

隋大业五年（公元609年）

高164厘米

1987年宁夏固原南郊乡小马庄村史射勿墓出土

位于第一天井处，为东壁第二幅。人物深目，高鼻，有须。头戴冠，身着红色交领宽袖长袍，下穿宽口裤，足蹬乌靴。双手执环首刀，回视，侧身而立。

85. 执刀武士图

隋大业五年（公元609年）

高155厘米

1987年宁夏固原南郊乡小马庄村史射勿墓出土

位于第一天井处，为西壁第二幅。人物深目，高鼻，双唇紧闭，有须。头戴冠，身着红色交领长袍，下穿红色宽口裤，足蹬乌靴。双手于胸前执环首刀，侧身而立。

86. 执笏武士图

隋大业五年（公元 609 年）

高 140 厘米

1987 年宁夏固原南郊乡小马庄村史射勿墓出土

位于第二过洞与第二天井之间，为西壁第一幅。人物浓眉，深目，高鼻，有须。头戴冠，身着红色交领宽袍，下穿红色宽口裤，腰束带，足蹬乌靴。双手于胸前执笏板，侧身而立。

87. 执笏武士图

隋大业五年（公元 609 年）

高 135 厘米

1987 年宁夏固原南郊乡小马庄村史射勿墓出土

位于第二过洞与第二天井之间，为东壁第一幅。人物浓眉，深目，高鼻，有须。头戴冠，身着红色交领宽袍，下穿白色宽口裤，腰束带，足蹬乌靴。双手于胸前执笏板，侧身而立。

88. 执笏侍从图

隋大业五年（公元 609 年）

高 120 厘米

1987 年宁夏固原南郊乡小马庄村史射勿墓出土

位于第二天井处，为东壁第二幅。人物颧骨突出，无须。头戴两脚幞头，幞头两脚垂于脑后。身着红色圆领长袍，腰束带，足蹬乌靴。双手前拱，执笏板作进谒状。

89. 执笏侍从图

隋大业五年（公元 609 年）

高 125 厘米

1987 年宁夏固原南郊乡小马庄村史射勿墓出土

位于第二天井处，为西壁第二幅。人物尖鼻，无须。头戴两脚幞头，幞头两脚垂于肩上。身着白色圆领长袍，腰束带，足蹬乌靴。双手前拱，执笏板作进谒状。

90. 侍女图

隋大业五年（公元 609 年）

高 78 厘米

1987 年宁夏固原南郊乡小马庄村史射勿墓出土

位于墓室西壁南侧。现存可辨别的有五人，一人完好，其余四人仅头部略残，胸以下基本完整。皆梳高髻，着齐胸红条长裙。

91. 史射勿墓志盖

隋大业五年（公元 609 年）

边长 46.5×47，厚 10 厘米

1987 年宁夏固原南郊乡小马庄村史射勿墓出土

青石质。呈方形，盝顶。正中镌刻阳文篆书"大隋正议大夫右领军骠骑将军故史府君之墓志"，共五行二十字。篆文四周有减地阳刻卷云纹。斜杀上刻有四神形象，四边阴刻一周忍冬纹，前边中央刻一"前"字。

92. 史射勿墓志

隋大业五年（公元 609 年）

边长 46.4×45，厚 6 厘米

1987 年宁夏固原南郊乡小马庄村史射勿墓出土

青石质，呈方形。志石每侧刻三个壶门，正中壶门刻一"前"字。从右侧壶门开始，按顺时针方向，分别刻有鼠、牛、虎等十二生肖。背景皆同，上为卷云纹，下刻山峦。其正面磨光，细线刻划大小均等的方格。志文刻于格内，共二十三行，满行二十四字，最后空一行，共四百九十九字。

93. 白瓷钵

隋大业五年（公元 609 年）

通高 9.6，口径 14，腹径 15.2，底径 9.4 厘米

1987 年宁夏固原南郊乡小马庄村史射勿墓出土

口微敛，卷沿，沿面隆起。尖唇，短束颈，鼓腹，假圈足。通体施釉，釉色略泛青绿，上有冰裂状开片。内壁上部亦施釉，圈足部分露白胎。该器胎质坚硬、细腻，釉色均匀，造型丰满、规整，是隋代白瓷中的精品。

94. 鎏金桃形花饰

隋大业五年（公元 609 年）

高 6.5，宽 5.2 厘米

1987 年宁夏固原南郊乡小马庄村史射勿墓出土

呈桃形，上尖下圆。外沿有两条鎏金联珠，中间有一周三十枚圆形联珠纹样。联珠纹中原嵌有宝石，现仅存一颗。桃形中央饰菱形不规则边框，内嵌贝饰、绿色玻璃。

95. 镶玻璃条形铜饰

隋大业五年（公元 609 年）

高 9，宽 2 厘米

1987 年宁夏固原南郊乡小马庄村史射勿墓出土

呈条状，已残。顶端有花，中嵌五颗绿色玻璃珠。一侧嵌十六枚联珠纹样，中嵌白色珍珠。另一侧为菱形及椭圆形相间，椭圆形中嵌玻璃珠。玻璃珠表面有白色分化层。

以上两件器物可能是衣帽上的装饰物。

96. 萨珊银币

隋大业五年（公元 609 年）

直径 2.7 厘米，重 3.3 克

1987 年宁夏固原南郊乡小马庄村史射勿墓出土

圆形。正面由联珠纹构成边框，中央为萨珊王侧面像。其王冠上有翼状饰物，再上为新月托圆球。背面联珠纹边框中是拜火教祭坛，火焰两侧为五星和新月。新月在左，五星在右。这在已发现的萨珊银币中属少见。坛左右有两祭司拱手而立。右侧还有铸造地点的缩写铭文。从肖像及饰物看，属萨珊朝卑路斯（Peroz）Ⅲ式银币。币面左侧有穿孔，应非实用流通货币。

97. 固原南郊乡小马庄村史道洛夫妇合葬墓平、剖面图

1995 年，此墓由中日原州联合考古队组织发掘。

墓葬由墓道、天井、过洞、甬道和墓室组成，有五个天井及过洞，部分过洞和甬道已塌落。甬道口有木质封门。墓室平面呈长方形，内有生土棺床，无葬具。墓道及墓室内遗有塌落壁画残块。甬道封门外出土墓志，上刻"大唐故左亲卫史公之墓志铭"，记述史道洛及其夫人康氏的生平事迹。其合葬年代为显庆三年（公元 658 年）。

墓葬早期被盗，盗洞上部叠压宋代灰坑，表明盗洞的年代至少在宋代或宋代以前。墓室内出土陶俑、白瓷瓶、白瓷钵、东罗马金币、鎏金马镫和马衔、铜镜、铜质装饰品、玻璃器、骨器等遗物百余件，其中东罗马金币和瓷器等具有较高的历史和艺术价值。另外，在墓门处发现的四件镇墓武士俑和镇墓兽，彩绘描金，装饰华丽，亦是近年我国隋唐墓出土陶俑中不可多得的珍品。

98. 镇墓武士俑

唐显庆三年（公元 658 年）

通高 85 厘米

1995 年宁夏固原南郊乡小马庄村史道洛夫妇合葬墓出土

泥质灰陶。浓眉，圆眼，有须，张口作怒号状。面部涂红，眉眼及胡须以墨线勾勒。其头戴翻缘盔胄，彩绘描金，身穿明光甲，下着战裙，足蹬靴。战裙上彩绘花纹图案。双臂前曲，双拳紧握，两足分开，站立于山崖形底座上，神态威武。

99. 镇墓武士俑

唐显庆三年（公元 658 年）

通高 83 厘米

1995 年宁夏固原南郊乡小马庄村史道洛夫妇合葬墓出土

泥质灰陶。浓眉，圆眼，有须，张口作怒号状。面部涂红，眉眼及胡须以墨线勾勒。其头戴翻缘盔胄，彩绘描金，身穿明光甲，下着战裙，足蹬靴。战裙上彩绘花纹图案。双臂前曲，双拳紧握，两足分开，站立于山崖形底座上，神态威武。

100. 镇墓兽

唐显庆三年（公元 658 年）

通高 52 厘米

1995 年宁夏固原南郊乡小马庄村史道洛夫妇合葬墓出土

泥质灰陶。为狮面。其双目圆睁，两耳直竖，作挺身蹲伏状。通体彩绘描金。

101. 镇墓兽

唐显庆三年（公元 658 年）

通高 55 厘米

1995 年宁夏固原南郊乡小马庄村史道洛夫妇合葬墓出土

泥质灰陶。人面兽身。其双目圆睁，高鼻，有须。头戴兜鍪，作挺身蹲伏状。通体彩绘描金。

102. 固原南郊乡羊坊村史索岩夫妇合葬墓平、剖面图

1985 年，此墓由宁夏固原博物馆组织发掘。

墓葬坐北朝南，由封土、墓道、过洞、天井、甬道和墓室六部分组成，全长 41.75 米。其封土仅存东北一角，高约 2.5 米，长 5 米，宽 3.5 米，平夯筑。墓道呈斜坡状，水平长 16.3 米，上宽 1.84 米，有五个过洞及天井。甬道由于盗洞打下，券顶已完全塌毁，亦为土坯封门。甬道长

2.6 米，宽 1.1 米，其中出土墓志一合。另一端有石门，门半掩，框、槛、楣等一应俱全。

墓室平面基本呈正方形，长 3.6 米，南宽 3.1 米，北宽 3.6 米，已完全塌毁，残高约 0.5 米，地面用条砖错缝平铺。紧靠西壁有一砖砌棺床，为长方形，呈须弥座，已为盗墓者所毁，仅存棺木残迹及零星棺钉。从遗迹看，墓主人应为头北足南。

墓葬过洞、天井、墓室等处原有壁画，由于后世大量进水，壁画与填土黏合在一起，完全不可剥离。仅第五过洞上方的一幅朱雀图保存较完整，为唐代朱雀壁画中的精品。

此墓由于早年被盗、随葬品所剩无几。墓室棺床北端人骨下出土一枚东罗马金币的仿制品。其他随葬品，如四系白瓷罐、白瓷豆、绿釉辟雍瓷砚、小陶靴、铜镜、海贝等，则散置于墓室各处的淤泥中。

此墓出土史索岩及其妻安娘墓志各一合。

103. 朱雀图

唐麟德元年（公元 664 年）

高 112，宽 114 厘米

1985 年宁夏固原南郊乡羊坊村史索岩夫妇合葬墓出土

位于第五过洞上方。朱雀下部是一幅蔓枝莲花，中有一花叶组成的莲花台。朱雀挺胸，双翼对称，向上张开呈半环状，正面直立于花台之上，呈腾飞之势。为唐代壁画中的精品。

104. 石门门扇

唐麟德元年（公元 664 年）

高 134，宽 55，厚 9 厘米

1985 年宁夏固原南郊乡羊坊村史索岩夫妇合葬墓出土

青石质。两扇，左右对称，形制相同。表面磨光，然后减地线刻，两扇图案基本一致。由忍冬纹构成边框，将门扇分成上、中、下三层，内饰朱雀、青龙及怪兽。

105. 史索岩墓志盖

唐麟德元年（公元 664 年）

边长 58.5×58，厚 10 厘米

1985 年宁夏固原南郊乡羊坊村史索岩夫妇合葬墓出土

青石质，呈正方形，盝顶。正中减地阳刻篆文"大唐故朝请大夫平凉郡都尉史公之铭"，共四行十六字。四面斜杀，刻四神形象。

106. 史索岩墓志

唐麟德元年（公元 664 年）

边长 58.5×58，厚 10.5 厘米

1985 年宁夏固原南郊乡羊坊村史索岩夫妇合葬墓出土

青石质，呈正方形。正面磨光，细线刻划大小均等的方格。志文刻于格内，共二十五行，满行二十六字，共八百零九字。

107. 安娘墓志盖

唐麟德元年（公元 664 年）

边长 56.5×56.5，厚 10.5 厘米

1985 年宁夏固原南郊乡羊坊村史索岩夫妇合葬墓出土

青石质，呈正方形，盝顶。正中阴刻篆文"大唐故平凉郡都尉史公夫人安氏墓志"，共四行十六字。四面斜杀，刻减地卷草纹。

108. 安娘墓志

唐麟德元年（公元 664 年）

边长 56.5×56.5，厚 11 厘米

1985 年宁夏固原南郊乡羊坊村史索岩夫妇合葬墓出土

青石质，呈正方形。正面磨光，细线刻划大小均等的方格。志文刻于格内，共二十五行，满行二十六字，共六百一十五字。文行楷书。

109. 四系白瓷罐

唐麟德元年（公元 664 年）

高 21.3，口径 7.4，最大腹径 16.6，底径 8.2 厘米

1985 年宁夏固原南郊乡羊坊村史索岩夫妇合葬墓出土

直口，微内敛，短颈方唇，肩部与口沿交接处均布四耳，耳为两瓣重合状。圆鼓腹，腹下渐内收，至底部外侈，假圈足。内外壁均施白釉，下腹釉流成滴泪状，底部露白胎，有冰裂状开片。

110. 白瓷豆

唐麟德元年（公元 664 年）

高 14.8，盘径 17.6，足径 12.8 厘米

1985 年宁夏固原南郊乡羊坊村史索岩夫妇合葬墓出土

圆形豆盘，沿作尖圆唇，稍外撇。盘下为一细腰座，座底外侈，圆唇呈喇叭形。表面施白釉，有冰裂状开片，下挂釉痕，底座未挂釉，露白胎。

111. 绿釉辟雍瓷砚

唐麟德元年（公元 664 年）

高 2.6，直径 6 厘米

1985 年宁夏固原南郊乡羊坊村史索岩夫妇合葬墓出土

砚面凸起，露白色瓷胎。外有一周凹槽，其下有九个支柱，支柱上为人面，下作兽形足，有一环足相连。外侧挂釉，胎质白色。施釉的地方釉层较厚，绿中泛白。

112. 小陶靴

唐麟德元年（公元 664 年）

高 4.5 厘米

1985 年宁夏固原南郊乡羊坊村史索岩夫妇合葬墓出土

细泥质红陶。短靴腰，上大下小。靴面短小，头平齐，微微上翘，平底。通体施白。靴腰中央有一圆孔，直通足底。

113. 金币

唐麟德元年（公元 664 年）

直径 1.9 厘米，重 0.85 克

1985 年宁夏固原南郊乡羊坊村史索岩夫妇合葬墓出土

圆形，边缘被剪过，单面打压图案，上下各有一穿孔。正面为一东罗马皇帝半身肖像。头戴盔，身着铠甲，肩扛短矛，耳边有飘带。头盔由联珠纹组成。有铭文，大都难以辨识，属东罗马金币的仿制品。

114. 鎏金水晶附饰

唐麟德元年（公元 664 年）

长 4，宽 2.6，厚 1.2 厘米

1985 年宁夏固原南郊乡羊坊村史索岩夫妇合葬墓出土

通体呈不规则形状，上嵌水晶。水晶微泛蓝。其表面鼓起，上有几处凹痕。水晶之下为一鎏金底托，底托完全依水晶形状而制，下部稍翘，上有一短柄，柄环已残。

115. 玉钗

唐麟德元年（公元 664 年）

长 3，上宽 2.8，下宽 1.5，钗径 0.6 厘米

1985 年宁夏固原南郊乡羊坊村史索岩夫妇合葬墓出土

白玉制成，质地细腻，光洁度好。双股钗，顶部稍呈弧形，钗为扁圆状，上端宽，下渐变窄，尖部略内收，中部偏下有凹槽。

116. 固原南郊乡小马庄村史诃耽夫妇合葬墓平、剖面图

1986 年，此墓由宁夏固原博物馆考古队组织发掘。

墓葬距史射勿墓约 400 米，坐北朝南，由封土、墓道、过洞、天井、甬道、墓室六部分组成。封土现存高度为 6 米，底径为东西 20 米、南北 22 米，顶部秃圆，恰似一口覆锅。从封土发掘剖面看，其经过两次堆封。史诃耽墓封土在固原南郊隋唐墓群中属最大，保存情况也最为完好，发掘后证明其品级最高。

其墓道全长 9.75 米，上窄下渐宽。墓道向北共有五个天井及过洞。甬道为砖砌，分前后两段。前甬道长 2.25 米，宽 1.37 米，顶部完全塌陷。内有两道封门，其中之石质封门一扇被砸坏，断为两截。后甬道完整无损，长 2.3 米，宽 1.4 米，拱形券顶，无封门。内有墓志一合，志盖分离。

墓室平面呈正方形，四边南 3.8 米，北 3.6 米，东 3.87 米，西 3.75 米。其四角漫圆，四边中部稍向外弧，为穹隆顶，顶高 5 米。地面夯过，形成约 5 厘米厚的夯层，夯土中掺杂有木炭屑和白灰。这种地面处理方法在砖室墓中很罕见。墓室中央紧靠北壁有一石棺床，为长方形，长 2.7 米，宽 1.65 米。

由于是砖室墓，盗墓者将随葬品洗劫一空，仅在淤土层中发现零星小件物品。这些物品散见于墓室各处，以铜器为多，比较珍贵的有东罗马金币、蓝色圆形宝石印章、玻璃碗等。

117. 石门门扇

唐总章二年（公元 669 年）

高 122，宽 44.5，厚 11 厘米

1986 年宁夏固原南郊乡小马庄村史诃耽夫妇合葬墓出土

两扇，形制相同。左扇被盗墓者砸为两段，复原后有一三角形缺口。左侧有一连续忍冬纹带，一正一反。中立一人，蚕形眉，柳叶眼，直鼻，有须。头戴双扇小冠，上插楔形簪，身着宽袖交领长袍，腰束带，足蹬云头靴。人物背后刻卷云纹。右扇图案与左扇大致相同。

118. 史诃耽墓志盖

唐总章二年（公元 669 年）

边长 58.5×58.5，厚 10 厘米

1986 年宁夏固原南郊乡小马庄村史诃耽夫妇合葬墓出土

青石质，呈正方形，盝顶。盖顶平素，阴刻篆文"大唐故史公墓志之铭"，共三行九字。四面斜杀，每面刻有相同的三区蔓草纹。

119. 史诃耽墓志

唐总章二年（公元 669 年）

边长 62×62，厚 11.5 厘米

1986 年宁夏固原南郊乡小马庄村史诃耽夫妇合葬墓出土

青石质，呈正方形，四边刻蔓草纹样。正面磨光，细线刻划大小均等的方格。志文刻于格内，共三十六行，满行三十六字，共一千二百八十五字。

120. 鎏金小铜豆

唐总章二年（公元 669 年）

高 1.7，盘径 3.9，足径 1.6 厘米

1986 年宁夏固原南郊乡小马庄村史诃耽夫妇合葬墓出土

圆形豆盘，盘沿外撇，盘底很浅，中稍凸起。足为圆筒形，下部外撇，呈喇叭口状。

121. 金币

唐总章二年（公元 669 年）

直径 2.3 厘米，重 2 克

1986 年宁夏固原南郊乡小马庄村史诃耽夫妇合葬墓出土

圆形，单面打押。外边较宽，有一周弦纹。正中为一东罗马皇帝正面肖像。其头戴盔，身着铠甲，肩扛短矛。面部模糊，耳较大。边有拉丁文铭文，大多已变形，除个别字母外，皆难以辨识。属东罗马金币的仿制品。

122. 蓝色圆形宝石印章

唐总章二年（公元 669 年）

直径 1.6，厚 0.5 厘米

1986 年宁夏固原南郊乡小马庄村史诃耽夫妇合葬墓出土

圆形，深蓝色。一面光洁，边凸起。另一面刻有纹饰，中间为一卧狮，后立三杆，杆头皆有花蕾。纹饰上方有一周铭文，属中古波斯帕勒维（Pahlavi）文，可译为"世界宽容！世界宽容！世界宽容！"

123. 六曲玻璃杯

唐总章二年（公元 669 年）

高 1.8，口径 4，底径 2.3 厘米

1986 年宁夏固原南郊乡小马庄村史诃耽夫妇合葬墓出土

直沿稍外撇，腹壁呈瓜棱形，为六瓣。棱间有槽，槽中黏贴宽 0.1 厘米的鎏金铜箔，底部稍厚，口沿处较薄，有剪痕。表面风化层呈银白色，内部风化层则出现暗红色。其形制小、薄，似可以排除作为实用器的可能性。

124. 喇叭形玻璃花

唐总章二年（公元 669 年）

高 0.7，直径 2.3 厘米

1986 年宁夏固原南郊乡小马庄村史诃耽夫妇合葬墓出土

喇叭形，碧绿色，呈半透明状。中心穿孔，外沿的圆形为剪切后打磨成形。孔内穿一细铜丝，外缀一玻璃珠。

125. 玻璃花结

唐总章二年（公元 669 年）

高 2，直径 1.4 厘米

1986 年宁夏固原南郊乡小马庄村史诃耽夫妇合葬墓出土

呈螺旋状，为半透明淡黄色。表面光洁，风化层很薄，一般有五个面。叶面为弧形，呈不规则状，厚约 1 厘米。上部稍凹，有的中穿一细铜丝。底部有尖，是制作时滴下的流痕。

126. 固原南郊乡羊坊村史铁棒墓平、剖面图

1986 年，此墓由宁夏固原博物馆组织发掘。

墓葬西距史诃耽墓 400 余米，坐北朝南，由封土、墓道、过洞、天井、甬道、墓室六部分组成。封土残高 4.3 米，呈不规则状。墓道长 11.1 米，宽 0.95 米，坡度较大，为 25 度，有四个天井及过洞。甬道为拱形券顶，长 1.7 米，北宽 1 米，顶高 1.6 米，土坯封门，封门已被盗墓者打开。

墓室平面为正方形，墓道偏于墓室东侧，呈刀把形。墓室早年塌毁，原高度不详，四壁起券高度约在 2 米处。其西侧有一生土棺床，为长方形，长 2.95 米，宽 1.25 米，高 0.6 米。墓主人尸骨虽散落于墓室淤土中，但仍能看出呈足南头北状。

墓葬出土遗物较少，有陶、铜、金等二十余件。另有

墓志一合，置于正对墓门处。

127. 史铁棒墓志盖

唐咸亨元年（公元 670 年）

边长 59×59，厚 14 厘米

1986 年宁夏固原南郊乡羊坊村史铁棒墓出土

青石质，呈正方形，为盝顶式。盖顶平素，上阴刻篆文"大唐故史公墓志之铭"，共三行九字，字体风格与史诃耽墓志盖完全一样，可能出自一人之手。

128. 史铁棒墓志

唐咸亨元年（公元 670 年）

边长 59×59，厚 13.5 厘米

1986 年宁夏固原南郊乡羊坊村史铁棒墓出土

青石质，呈正方形。四边减地线刻两方忍冬纹样。正面磨光，细线刻划大小均等的方格。志文刻于格内，计二十七行，共七百二十九字。文行正楷。

129. 金币

唐咸亨元年（公元 670 年）

直径 2.5 厘米，重 7 克

1986 年宁夏固原南郊乡羊坊村史铁棒墓出土

圆形，单面打押。较厚重，上有一孔，正中为一王正侧面肖像。其头戴城齿状王冠，颈佩项圈，身披二带。周有一圈铭文，多已残。属萨珊金币仿制品。

130. 固原南郊乡王涝坝村史道德墓平、剖面图

1982 年，此墓由宁夏固原文物工作站组织发掘。

墓葬为南北向，由封土、墓道、天井、过洞、甬道、墓室六部分组成。封土为圆形，恰似覆锅，残高 3 米，底径 14 米。墓道为斜坡式，坡度 20 度。墓道南入口处过去修筑简易公路时曾遭损坏，情况不明。墓道上窄下渐宽，残长 28.5 米，有七个天井及过洞。在第七天井北壁和甬道上方有一盗洞，打破甬道封门砖。甬道口用条砖封门，残高 1.4 米。甬道为拱形券顶，长 4 米，宽 1.2 米，顶高 1.8 米。整个墓葬平面呈刀把状。

墓室平面基本为正方形，顶部已塌陷，四壁在 1.2 米处逐渐内收，顶高当在 2.5 米以上。墓室西壁下置长方形棺床，为生土台削制，东边床沿与甬道西壁在一条直线上。

此墓虽盗掘严重，但仍出土一批较为重要的随葬品，其中以金器为多，陶制品次之，共二十余件。甬道中发现

墓志一合。另外，在甬道淤泥中还发现动物纹圆形金饰、素面小铜镜和方形金带、铐各一件。由于墓室进水淤塞，随葬品多已不在原位。墓主人口含金币一枚，头骨旁有金覆面一具。

131. 史道德墓志盖

唐仪凤三年（公元 678 年）

边长 60×55，厚 17 厘米

1982 年宁夏固原南郊乡王涝坝村史道德墓出土

红色砂岩质，略呈正方形，为盝顶式。盖顶平素，上阴刻篆文"大唐故人史府君之铭"，共三行九字。四面斜杀，线刻二方连续卷草纹样。

132. 史道德墓志

唐仪凤三年（公元 678 年）

边长 60×55，厚 18 厘米

1982 年宁夏固原南郊乡王涝坝村史道德墓出土

青石质，四边长短稍有不一，略呈正方形。志石是利用旧石碑下段加工制成，背面原有碑文已被凿去，大部分无法辨识。正面阴刻方格，志文刻于格内，计二十九行，满行三十字，共六百一十三字。文行楷体。

133. 金覆面

唐仪凤三年（公元 678 年）

1982 年宁夏固原南郊乡王涝坝村史道德墓出土

共由十一件金质构件组成，因出土时覆面上缀连的丝织品已腐朽，加之盗墓者的扰乱，覆在头骨上的位置已改变。复原主要根据各部位的功用，结合其大致的出土位置来进行。

134. 动物纹圆形金饰

唐仪凤三年（公元 678 年）

直径 3 厘米

1982 年宁夏固原南郊乡王涝坝村史道德墓出土

圆形，打押制成，单面花纹。边饰一周花瓣，上有联珠纹样。正中为一动物，短颈，呈行进状。金饰外缘有四孔对称，中有六孔，呈品字状排列。可能原缀于某物上，如衣饰之类。

135. 兽面金饰

唐仪凤三年（公元 678 年）

高 2.8，宽 3.1 厘米

1982 年宁夏固原南郊乡王涝坝村史道德墓出土

打押制成，单面花纹。正面花纹稍凸，背面花纹略凹。顶部对称有两耳，中有一穿孔。双眼为涡纹状，鼻呈桃形，嘴部不太清晰，下亦有一穿孔。

136. 金带扣、方形金铐

唐仪凤三年（公元 678 年）

金带扣：长 4.6，宽 3.2，厚 0.5 厘米

方形金铐：长 1.9，宽 2.2，孔径 1.2×0.9 厘米

1982 年宁夏固原南郊乡王涝坝村史道德墓出土

皆为打押制成。

金带扣前端呈椭圆形，后端为长方形，中有一扣针，扣针可以活动。圆环后端有三个品字状穿孔，边缘斜杀，背凹。与一般带扣不同，圆环不能活动。

方形金铐四边斜杀，上有一长方形孔，两侧各有一穿孔。

137. 金币

唐仪凤三年（公元 678 年）

直径 2 厘米，重 4 克

1982 年宁夏固原南郊乡王涝坝村史道德墓出土

圆形，双面打押图案，顶部有一穿孔。正面中央为一王正侧面肖像。其头戴盔，身着铠甲，肩扛短矛，矛头稍现。周有一圈拉丁文铭文，多已残。背面为一胜利女神，形象模糊不清。上亦有一周拉丁文铭文，除个别字母外，大多无法辨识。应为东罗马金币的仿制品。

138. 固原南郊乡王涝坝村 82M2 平、剖面图

1982 年，此墓由宁夏固原文物工作站组织发掘。

墓葬距史道德墓约 150 米，两墓同时发掘。墓葬为南北向，由墓道、天井、过洞、甬道、墓室五部分组成，全长 25.2 米，有四个过洞及天井。墓道坡度 25 度，上窄下宽。甬道为长方形，前窄后宽，拱形券顶，长 12.5 米，顶高 1.75 米，土坯封门，封门已被打开。墓葬早年盗掘严重。

墓室平面呈不规则正方形，墓道与墓室东壁在一条直线上，东壁向内倾斜。墓室西壁下置一土筑棺床，前窄后宽。墓室完全被积土淤塞，墓主人尸骨散落各处，所见随葬品极少，仅在清理过程中发现"开元通宝"钱、刻纹骨管、八棱形石幢及其残块。

82M2 出土的"开元通宝"钱为武德开元，属唐代早期钱币。史道德葬于仪凤三年（公元 678 年），两墓时代应大致相当，或许属于同一家族墓地。

139. 石幢

唐（公元 618～907 年）

残长 144，直径 33 厘米

1982 年宁夏固原南郊乡王涝坝村 82M2 出土

青石质，残为三段，可复原为一完整石幢。通体呈八棱形，顶部有一方形榫，下部已残。上布线刻图案，背景以缠枝宝相花为主，中间加饰海石榴等纹样。缠枝宝相花间刻有两周动物、人物、怪兽等，两两相对。

140. 固原南郊乡羊坊村梁元珍墓平、剖面图

1986 年，此墓由宁夏固原博物馆组织发掘。

墓葬南距史铁棒墓 350 余米，坐北朝南，由封土、墓道、过洞、天井、甬道、墓室六部分组成，全长 23.9 米。封土残高 2.9 米。墓道坡度为 22 度，北高南低，有三个天井及过洞。前甬道由于塌毁，完全为土填实。墓室甬道为砖砌，拱形券顶，封门被盗墓者打开。甬道口发现墓志一合。

墓室为砖砌，平面呈正方形，南北长 3.45 米，东西宽 3.55 米。其四壁略外弧，墙体有不同程度的变形，为穹隆顶，四壁从 2.2 米处内收。室内以条砖铺地，西北部有一砖砌棺床，呈不规则长方形。棺床西侧有近 4 厘米厚的白石膏层，四边切割平齐，上铺一层"开元通宝"钱，约有百余枚。尸体原置其上，人骨已成黄色粉末。从遗痕看，为直肢葬，头北足南。东侧另有一人，仅存零星骨片。

墓葬天井、过洞、甬道两壁绘有牵马图及执扇图，墓室四壁及顶部则为人物形象和星象图等。

由于早年被盗，此墓出土文物较少，计有小陶碗、陶砚、铁剪刀、铜合页等，除去盗墓原因，也可能是原来随葬品就较少。

141. 牵马图

唐圣历二年（公元 699 年）

人高 58，马高 69，长 72 厘米

1986 年宁夏固原南郊乡羊坊村梁元珍墓出土

位于第一天井东壁。人物面部涂白，高鼻深目，颧骨凸起。头戴幞头，身着圆领窄袖土黄色长袍，腰束带，下摆开缝，露裤，足穿乌靴。双手于胸前执物。面北，侧身

站立。马嘴微张，目前视，背置鞍鞯，鞯为黑色，上搭鞍袱，马尾紧束上翘。右侧两腿提起后勾。

142. 牵马图

唐圣历二年（公元 699 年）

人高 60，马高 68，长 76 厘米

1986 年宁夏固原南郊乡羊坊村梁元珍墓出土

位于第二天井东壁。人物面部涂白，颊部略为晕染，双目直视。头戴幞头，身着圆领窄袖枣红色长袍，足穿乌靴。左手上举至胸前执缰，右手提缰。面北，侧身站立。马嘴微张，目前视，背置鞍鞯，上搭鞍袱，马尾紧束。右侧两腿提起后勾。

143. 牵马图

唐圣历二年（公元 699 年）

人高 70，马高 78，长 85 厘米

1986 年宁夏固原南郊乡羊坊村梁元珍墓出土

位于第三天井东壁。人物面颊涂红，双目直视。头戴软脚幞头，身着圆领土黄色长袍，腰束带，足穿乌靴。双手于胸前执缰，侧身作行走状。马嘴微张，目前视，背置鞍鞯，鞯下有红色障泥，鞍上搭土黄色鞍袱。马尾紧束，右侧前腿提起后勾。

144. 牵马图

唐圣历二年（公元 699 年）

人高 60，马高 72，长 72 厘米

1986 年宁夏固原南郊乡羊坊村梁元珍墓出土

位于第一天井西壁。人物面部涂白，颊部略为晕染，眼鼻以墨线勾勒。头戴幞头，脑后似有软角。身着圆领土黄色长袍，腰束带，足穿乌靴。双手袖于胸前，作行走状。马首微扬，颈部修长。其背置鞍鞯，鞯似为黑色，上搭鞍袱。臀部肥圆，马尾上挽，左侧两腿提起后勾。

145. 牵马图

唐圣历二年（公元 699 年）

人高 79，马高 75，长 76 厘米

1986 年宁夏固原南郊乡羊坊村梁元珍墓出土

位于甬道东壁。人物面部涂白，嘴涂红。头戴幞头，身着圆领长袍，腰束带，足穿乌靴。左手上举牵马辔，右手插于腰际，侧身站立。马颈修长，背置鞍鞯，鞍上搭袱，马尾紧束。牵马图前还绘有一人，上半身缺失，仅存长袍

下摆及右脚乌靴。

146. 牵马图

唐圣历二年（公元 699 年）

人残高 49，马高 69，头部残长 64 厘米

1986 年宁夏固原南郊乡羊坊村梁元珍墓出土

位于甬道西壁。人物身着红色长袍，腰束带，下着条裤，裤脚束起，足蹬黑靴，靴尖翘起。

147. 执扇图

唐圣历二年（公元 699 年）

高 116 厘米

1986 年宁夏固原南郊乡羊坊村梁元珍墓出土

位于甬道西壁牵马图前。执扇人为一青年女子，梳双角发髻，着圆领长袍，腰束带，袍摆下露长裤，足穿黑鞋。双手于胸前握团扇，扇杆较长，扇面呈椭圆形，似有扇骨。

148. 树下老人图

唐圣历二年（公元 699 年）

高 91 厘米

1986 年宁夏固原南郊乡羊坊村梁元珍墓出土

为墓室西壁第二幅。中央为一枯树，树下有一老者侧身而立。其双目注视前方，鼻子高直，口微合，蓄须。头戴方形小冠，身着交领长袍，腰束带。右手上举至胸前，左手稍提。

149. 树下老人图

唐圣历二年（公元 699 年）

高 85 厘米

1986 年宁夏固原南郊乡羊坊村梁元珍墓出土

为墓室西壁第四幅。中央为一枯树，树下有一老者侧身而立。其双目注视前方，上唇蓄须。似戴进贤冠，身着交领宽袍。左手执一卷书，右手上举作指物状。

150. 树下老人图

唐圣历二年（公元 699 年）

高 90 厘米

1986 年宁夏固原南郊乡羊坊村梁元珍墓出土

为墓室西壁第五幅，画面保存较好。中有一枯树，树下立一老者。其头戴方冠，身着黄色交领长袍，双手笼袖于胸前。

151. 侍女图

唐圣历二年（公元 699 年）

残高 120 厘米

1986 年宁夏固原南郊乡羊坊村梁元珍墓出土

位于墓室东壁。其面部丰润，浓眉细眼，小口紧闭，涂红。头梳高髻，内着圆领衫，肩披黄色锦帔巾，外着红褐色条纹齐胸长裙。双手笼袖于胸前。画面腰部残缺。

152. 男装侍女图

唐圣历二年（公元 699 年）

高 99 厘米

1986 年宁夏固原南郊乡羊坊村梁元珍墓出土

位于墓室东壁。人物面目清秀，浓眉细眼，颊部施白色，略有晕染，小口涂红。头戴软脚幞头，幞头两脚垂于脑后，内着红色圆领衫，外穿红色翻领长袍，腰束黑带。双手于胸前捧一包囊，呈返身回顾状。画面下部已残。

153. 梁元珍墓志盖

唐圣历二年（公元 699 年）

边长 52.5×51.5，厚 14 厘米

1986 年宁夏固原南郊乡羊坊村梁元珍墓出土

红砂岩质，呈正方形，为盝顶式。四面斜杀，减地阳刻蔓草叶纹。中有方格线，减地阳刻篆文"大周处士梁君墓志铭"，共三行九字。

154. 梁元珍墓志

唐圣历二年（公元 699 年）

边长 54.5×52，厚 12 厘米

1986 年宁夏固原南郊乡羊坊村梁元珍墓出土

红砂岩质，基本呈正方形，侧面阴刻有蔓草花纹。表面阴刻方格，志文刻于格内，共二十一行，满行二十二字，共四百五十二字。文行楷体。

155. 陶砚

唐圣历二年（公元 699 年）

高 2.2，长 10.4，宽 7.8 厘米

1986 年宁夏固原南郊乡羊坊村梁元珍墓出土

细泥质灰陶，呈箕形。一端尖直口沿，另一端宽口敞开。宽端下部有两撇足。砚面磨光，出土时尚存墨迹。为典型的箕形陶砚。

（以上说明文字由罗丰、延世忠、姚蔚玲、冯国富、马建军、杨明撰写）

Collection of the Ancient Tombs in Yuanzhou

Guyuan, called Yuanzhou in ancient times, is located at the area of the middle reaches of the Yellow River, north part of Ningxia Hui Autonomous Region. Liupan Mountains is an important mountain range passing from south to north. Qingshui River, Jinghe River and other tributaries of the Yellow River originate from here.

Guyuan was a strategic post and the center of politics, economy and culture since ancient times in the north Ningxia. It was initially called Yuanzhou in the 5th year of Zhengguang (524), Northern Wei Dynasty, capital in Gaoping. Controlling the areas from about present Guyuan of Ningxia to Pingliang of Gansu, it was one of the famous military towns in the north China at that time. From 5th century to about 8th century along with the cultural exchange between China and western region getting deeper and deeper, Yuanzhou became more and more important in the "Silk Road." The governor of Sui Dynasty once dispatched many generals to guard here and Tang Dynasty also paid more attention to its management. In 8th century, Yuanzhou was invaded and occupied by *Tubo* reign, and during the years of Dazhong it returned to Tang Dynasty' region again. In the end of Tang Dynasty its capital removed to Linjing (present Zhenyuan of Gansu).

In resent years archaeologists discovered plenty of tombs dated from the Northern Dynasty to Tang Dynasty in the area and the enormous excavators unearthed filled in the gaps in the archaeological culture in this area. The tomb with lacquer coffin of Northern Wei Dynasty excavated in 1981 provided imagery materials to understand the social life of *Xianbei* people at that time. Many single pictures on the surface of lacquer coffin formed successive paintings of dutiful sons. It was a major gain in present fine art archaeology. Due to the Northern Zhou founded its state just more than 20 years, there were few materials on its tombs published before. The joint burial tomb of the couple of Li Xian had clear record of occupants' names and burial dates, which provided a key standard to the research on the late Northern Dynasty tombs. Otherwise the enormous murals discovered in the tomb reflected that the murals of Northern Zhou had influence upon those of Sui and Tang Dynasties. It was the first important discovery of Northern Zhou paintings and also afforded us rich materials on studying the origins of Sui and Tang Dynasties' murals. In 1996 we discovered the tomb of Tian Hong of Northern Zhou. It was just smaller than Chi Luoxie's tomb in Xianyang area in scale, and its form, shaft numbers were different from the close by Li Xian's tomb. Composed by the main, rear and side chambers in structure, it was found for the first time in Northern Zhou tombs in Guyuan area.

During 1982 to 1995, a group of tombs of Sui and Tang were discovered in the north suburbs of Guyuan, one of Sui and eight of Tang. Judging from the seven epitaphs in the tombs, except for one to the Liang, the others were belonged to the Shi. It was quite possible that the other two without epitaphs were also belonged to Shi family. According to the record, those surnamed Shi were the people of Shi State, also known among the "Nine-surname of Zhaowu," as well as *Sute* people once moved about mid-Asian area. They played an important role in facilitating the flow of culture between China and western countries. The discovery of these tombs confirmed that there existed a close connection between Yuanzhou and the Western Regions.

Besides this we excavated many cultural relics with strong mid-Asian and west-Asian style in the tombs between Northern Dynasty and Sui, Tang Dynasties in Guyuan, such as gilt silver pot, sapphire seal, golden ring, glass bowl and some foreign coins, etc.. It showed from one side the situation of cultural exchanges between China and western countries at that time, and also indicated that Yuanzhou had a major position in communication between China and western countries. It has a vital reference value for the research on traffic history of China and western countries, and Sui and Tang Culture.